卡盧仁波切與汪遷仁波切，1976 年夏天攝於法國，當時汪遷仁波切約 11 歲。

千手千眼觀音齋戒

紐涅的修持法

汪遷仁波切（Wangchen Rinpoche）◎著

黃靜慧◎譯
楊書婷◎審定

目錄

3

功德迴向

願撰寫這本書的善德，成為一切證悟上師健康長壽與佛陀教法
繁盛弘揚之因，並特別迴向於紐涅修持傳承廣受眾人珍視。

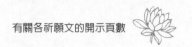

有關各祈願文的開示頁數

第十二世廣定大司徒巴中文版序言

2010 年 3 月 18 日

　　佛陀為了利益一切有情眾生，救度他們遠離輪迴的痛苦，並達到究竟佛果的證悟，因此化顯了各種教導，而成為不同的實修方法。在這諸多的實修方法當中，觀音禁飲食齋戒（紐涅）由於同時包含所有層次的戒律修持，因此是最具重要性且最具轉化力的實修方法之一。這個法門的修持內容包括身的戒律、語的戒律、意的戒律，以及菩提心與轉化的最根本應用。

　　現今有許多關於觀音禁飲食齋戒的書籍，並以多種語言出版成冊。尊貴的汪遷仁波切於本書中，對此法門提供了簡潔明瞭、直指要點的精確說明。想要學習及修持禁飲食齋戒的人，將可從本書中獲得極大利益。

　　書中所涵蓋的題材，不僅來自尊貴汪遷仁波切自身的學術知識，同時還有他在這一生中，親自應用和實修此清淨傳承的相關經驗。由於仁波切對佛法的真誠奉獻，他不僅傳授此法，同時也帶領許多弟子實修此法，讓他們得以與大悲觀世音菩薩結下無可計量的深厚緣分。

我謹在此虔誠祈願，於大悲觀世音菩薩的加持之下，本書能為眾多讀者提供真實的知識與智慧，利益一切有緣人。

第十二世廣定大司徒巴　敬筆

金剛乘八蚌佛學院法台

（Palpung Institute of Vajrayana Buddhism）

引言

千手千眼觀音齋戒簡介

千手千眼觀音齋戒，藏語稱「紐涅」（以下皆稱紐涅），在西藏是一門相當普遍傳授修持的甚深淨障法門，圓滿一次的修持需時兩天。第一天為前行日，第二天則是正行的禁飲食日。修持者須受持大乘還淨戒（Restoring and Purifying Ordination）●，一共要持守八支戒條。第一天的前行日，修行者只進食一餐和飲料，且為完全素食，餐飲中不含任何動物成分，也不含洋蔥、大蒜、蛋類等食材。第二天則完全禁飲食並禁語。

此一重要法門極受重視和喜愛，任何人皆可修持。對於非佛教徒，唯一的修持條件就是必須接受皈依戒、菩薩戒，也必須領受千手千眼觀世音菩薩的灌頂。只要願意接受這些教法，就可以參加觀音禁飲食齋的閉關。

編按：註號 ● 為中譯註；○ 為原註。

● 漢地一般通稱「八關齋戒」，藏語 Tekchen Sojong，大乘布薩之意；Sojong 的梵語
為 Upavasatha，音譯為布薩，意譯為長淨，即長養功德及淨除墮罪。

本法起源

觀音禁飲食齋戒的法源，始自歷史上一位備受尊崇的佛教
人物——帕嫫比丘尼。她曾是阿富汗國的公主，而當時阿富汗
是個佛教大國。被視爲第二佛的蓮花生大士，即來自該地。在
佛教史中，該處被稱爲鄔迪亞納，即今日的印度西北方。帕嫫
比丘尼是一位學識豐富、持守具足戒的比丘尼，她修持紐涅而
親見觀世音菩薩，人人懼怕的痲瘋病因而痊癒，此殊勝的紐涅
傳承便從此流傳於世間。

紐涅屬於何續部

一般而言，佛法可分爲三乘：聲聞乘（Shravaka-yana）、
獨覺乘（Pratyeka-buddha-yana），以及大乘（Maha-yana）。
大乘道又可分爲經部（sutra-yana）和續部（trantra-yana）。
續部中則有許多次第，但一般分爲四部續法：事續（kriya-
tantra）、行續（charya-tantra）、瑜伽續（yoga tantra）、無上
瑜伽續（anuttara-yoga-trantra）；在這其中，紐涅是屬於事續

部和行續部的法門。

　　事實上，紐涅究竟應屬於四續中的哪一部，歷史上一直有些爭辯。由於觀音的修持包含了自觀本尊，因此一些祖師認爲此法屬於無上瑜伽部，而以事部來修持。但一些成就的大師，例如第八世大司徒仁波切（The 8th Tai Situpa）和蔣貢康楚大師（Jamgon Kungtrol the Great）則認爲紐涅屬於事部，而以行部來修持。這些爭辯的癥結在於，事部的修持並不包括自觀本尊，但行部卻有此修持方法。若因紐涅有自觀本尊的部分，而認爲本法屬於無上瑜伽續，則修行者在身方面的修持便不會那麼重要。但是從紐涅的歷史傳承來看，身方面的戒律卻是本法門中不可或缺、極爲重要的一環，因此便有充分理由認爲，本法門乃屬於行續部和事續部。

　　若要嚴格、確實地遵守教義，則所謂事部是指修行者透過禁食、沐浴等諸多身的持戒，而試圖開展慧觀（insight）。由於藏傳佛教側重無上瑜伽續，比較不注重事部，因此少了每日應沐浴、更衣等身的修持細節。我在印度曾看見有些當地人修持這類傳統的事部法門，但大部分藏人則對這方面一無所知。

紐涅的功德利益

　　若要我們擁有的這個「人身」具有意義，一生中至少要修過一座紐涅。一座的修持僅須兩天，但這兩天卻對長遠、無盡的未來有著深遠的影響。由於紐涅的功德廣大，因此我們已持續多年在美國和台灣各安排一年一次連續八座十六天的紐涅閉關。除此之外，我們也安排每月一次週末紐涅閉關。有許多弟子每年都會盡力參加這兩地的閉關，且人數逐年增加，我個人非常隨喜。

　　有一位弟子曾對修持紐涅表達了很好的看法，而我個人認為大家都應該學習這樣的態度。這位弟子當時還是個新生，我問他是什麼因緣要來參加閉關。他說在聽聞修持這個法門的種種功德之後，他立刻決定要圓滿連續八座的修持。他領會到，就法門的功德利益而言，若僅以一生中的十六天來修持和祈願，與所能獲得的利益相較，真的是一點也不費力。我想這是每個人都應有的態度，並且是明智的抉擇。

　　在修持的過程中，有些人可能會覺得飢渴，但是為了真正淨除個人和世上其他有情眾生未來的痛苦，嚐受這一點點飢渴

絕對是值得的。有些人爲了追求片刻的狂喜,願意千辛萬苦攀登高山,而有些人爲了求生存,願意歷經種種痛苦和折磨;這些雖然是很短暫的利益,人們卻仍然願意通過重重難關以便達成。我要說的重點是,修持紐涅所獲得的廣大功德利益,絕對遠遠超過閉關時我們所經歷的辛勞。

《大解脫經》(*Sutra of Great Liberation*)是最爲深奧的淨障經典之一。佛陀在這部經中提到,若是有人能持誦這部經典,便能清淨無量的罪障,即使原本即將投生地獄道,持誦這部經後所現前的果報可能只是微小的頭疼而已。紐涅的功德利益和持誦本經的功德利益非常相似,即使修持時有任何痛苦,對於清淨自己的業障都有深遠的利益。

曾有一位紐涅的大修行者在著作中提到,若能圓滿八座紐涅,所帶來的喜樂將超越世界上所有的財富。我覺得他說的很對,因爲修持八座紐涅的功德利益將會在未來帶給你永久的快樂。就算擁有全世界的財富,那樣的快樂也是短暫的,而實修所獲得的利益則是永無止盡。

一般而言,不論修持任何法門都須完成某些數量,才算是真正圓滿該法門的修持。例如四加行須完成十萬次大禮拜,另

外三個加行也須各完成十萬次。全部完成後，你才能說：「我已經完成了一次四加行。」以紐涅而言，實際修持八座，即是真正完成八座紐涅。當你完成八座之後也同時具備了某種資格，例如具備領眾修持紐涅的能力。

　　本書的第一部到第三部，先介紹千手千眼觀世音菩薩，接著敘述本法的功德利益，其後便循序探討紐涅法本的進行內涵。第四部則提供紐涅修持者從前行到三昧耶誓等實用資訊，第五部詳細探討素食、禁食、有情眾生之苦，以及修持的問答部分。第六部為完整的紐涅法本，以藏文、音譯和英文呈現給讀者。❷

　　文中我經常使用「據說」一詞，這是指佛陀在經部或續部中的開示，或者是過去大成就者的開示。

---

❷ 本書紐涅儀軌文字有部分摘錄自《聖者十一面觀音遍吉祥斷食儀軌》，欲購買請洽譯者：光明自然成就樂空禪林，或出版者：稀有難得攝正理喜悅林。
電話：（04）22950160．23294575．23294577

第一部

緣　起

第一章

十一面千手千眼觀世音菩薩

觀世音菩薩，梵語稱阿縛盧枳多伊濕伐羅
（Avalokiteshvara），藏語稱「見熱息」（Chenrezig）。不論是
大乘和金剛乘，觀世音菩薩都是最重要的本尊之一，因爲祂乃
一切諸佛慈心和悲心的具體化現。凡是希求蒙受諸佛慈悲力加
持的人，最根本的即是依止諸佛此一殊勝的化現——觀世音菩
薩。對於想要踏上實修證悟道途的人而言，能使修行增上的最
根本因素，即在於清淨的慈心和悲心。

　　觀世音菩薩有許多不同的化身，例如四臂白觀音、四臂
紅觀音、二臂白觀音、二臂紅觀音、立姿觀音、坐姿觀音，
以及其他各種化身。另外有一尊與我們的修行法門相關，稱
爲六字大明咒三化現（Triple Manifestation of the Six Syllable
Mantra）。在這些化身當中，十一面千手千眼觀世音菩薩是最
主要的化身。

　　觀世音菩薩的藏語「見熱息」，字面意義爲「以悲眼凝視
眾生」。正如觀世音菩薩是一切諸佛慈心與悲心的化現，諸佛
無量的證悟功德如智慧、慈悲、淨障力，也以諸多形式來顯
現，例如文殊菩薩爲諸佛智慧的顯現，金剛薩埵爲諸佛淨障力
的顯現，另有許多特定證悟功德的顯現等。究竟的觀世音菩薩

是諸佛慈心與悲心的具體化現，也是一切有情眾生內心本具慈
心與悲心的潛藏力。換言之，一切有情眾生於自性而言，本來
即是觀世音菩薩。

千手千眼觀世音菩薩的緣起

觀世音菩薩的大願是要令一切眾生脫離輪迴苦海。由於強
烈的悲願力，祂發誓只要還有一個眾生尚未脫離輪迴就不成
佛。我們須了知，真正的菩薩是完全清淨的聖者，心中只思惟
著如何利益他人。同樣地，觀世音菩薩時時刻刻利益眾生，從
未倦怠，祂誓言：「如果我破了救度一切眾生的誓言，我的身
體將會碎為千片。」

如此，觀世音菩薩累世累劫以來一直不辭勞苦地救度和利
益著眾生。有一天祂想：「現在，有情眾生的數量應該急遽減
少了吧。」這時，祂以智慧眼觀察輪迴中的眾生，當時世間的
共業頗深，觀世音菩薩看見輪迴界的衰敗景象，眾生的恐懼和
煩惱熾盛，充滿迷惑、顛倒見和痛苦，且有情的數目絲毫無
減。觀世音菩薩十分灰心而心生退轉，認為救度所有眾生的任

務根本是不可能達成的。當祂此念一生便破了誓言，身體剎那間碎爲千片。觀世音菩薩的上師阿彌陀佛立即了知這一切，便開示祂：「如此捨棄你的誓言實爲可惜。你應發更大的願來救度眾生。」觀世音菩薩領受上師的指示，上師阿彌陀佛則加持祂粉碎的身體，變成了具有十一面以及千手千眼的形相。

此後，觀世音菩薩便以這樣的身形利益眾生。祂的一千隻眼代表賢劫中出世的一千尊佛，所謂的賢劫即是地球的存續期，而釋迦牟尼佛是賢劫第四佛，賢劫第五佛將是彌勒菩薩。根據經典授記，第六佛獅子吼佛乃是噶舉傳承的法王噶瑪巴，另外一般認爲蔣貢康楚大師將化現爲賢劫第一千佛，而我最殊勝的證悟上師依怙主卡盧仁波切，就是蔣貢康楚大師的直接轉世。

佛經《賢劫經》（*Sutra of Great Fortune*）中記載了有關賢劫千佛的傳記，佛陀在經中說，賢劫的第一千位佛將具足所有一千尊佛總和的一切事業功德力，且其住世時間將是賢劫一千尊佛的總和。《賢劫經》收錄於藏文大藏經《甘珠爾》中；《甘珠爾》的內容爲佛陀親口宣說，共有一百零三卷，卷冊依藏文字母順序排列，《賢劫經》編列在以藏文第一個字母

（ka）爲名的首卷中。

《甘珠爾》的一百零三卷經典，絕對不是佛陀教法的全部，它是由往昔西藏大譯師依當時能力所及而譯出的。舉中文大藏經爲例，便囊括了更多的典籍，而想當然爾，印度地區的佛陀教法又比中文大藏經更多。佛陀曾經給予了八萬四千卷的教授，正如西元第四世紀的印度佛教大師世親菩薩（Vasubandhu）所說：「如果有一頭巨象背了所有牠能負載的墨水，將這些墨水全部用來寫經，也只能寫出一冊佛陀的教法而已。」由此可知，圓滿證悟的佛陀其教法之廣大實非凡人所能測度。

千手千眼觀世音的一千隻手，象徵祂有如轉輪聖王，以一千種方式來做佛行事業。「轉輪聖王」是指統治整個世界的人。祂的十一面代表已圓滿十一地菩薩的修道。第十一地爲佛地，因此表示觀世音菩薩早已證悟佛陀的果位。

第二章

紐涅的功德利益

依據《紐涅的廣大利益》一文所述，

善男子善女人，若僅修持一座紐涅，將可清淨四萬
劫惡業，未來將投生為人中之勝或得到等同天人的福
報。若能圓滿連續八座紐涅，其修行的功德等同預流果
（stream enterer）①，將轉生到阿彌陀佛淨土。若能圓滿
二十五座紐涅，其功德等同一來果（once-enterer），並
能清淨八萬劫惡業。若能圓滿五十座紐涅，其功德等同
不還果（no more returning），並能清淨八十萬劫惡業。
若能圓滿一百零八座紐涅，其功德等同證得阿羅漢果，
能清淨一億劫惡業，且必將轉生長壽佛的大樂淨土。

身、語、意的遮障

未證菩提的眾生由於各種不同程度的遮障，無法經驗到真

---

① 一般而言，在佛道上，個別修行者將開展特定的慧觀功德，而稱之為預流果、一來
果、不還果、阿羅漢果。

實清淨的身、語、意。這些遮障從最細微的所知障、煩惱障，到最粗重的業障都包括在內。意思是，由於這些障礙，我們一般凡夫眾生無法以身或心經驗到佛的清淨示現。就目前而言，我們經驗到自己的色身是人，但卻是不淨的人身，且由於業障等等的因素而受困於此色身之中。而人身相對於其他如地獄道、餓鬼道、畜牲道的眾生來說，卻是比較有福報的。眾生的色身，也都是由業障和染污而來的業報身。有時候我們會用「紗幕」一詞來比喻障礙，不同層次的遮障就有如重重紗幕一般，遮蔽了自心清淨的本性，也就是佛性。當此重重遮障清淨之後，我們就能夠經驗到真實的自性，意思是完全彰顯自己清淨的佛性。

如何淨障

修持紐涅時，最主要是倚仗觀世音菩薩的大悲力與加持力，以及我們本身的信心、虔敬心和修行的正確發心，才能有真正的清淨作用。由於一切現象乃因緣和合而生，因此當上述的因緣條件都具足時，必然會產生修行的結果。在多數情

況下，一切證悟與未證悟的現象都是依因緣而生。紐涅的修行者至少應對此法具足信心、虔敬心，並且相信這個法門和觀世音菩薩的加持力。這些應有的基本特質來自我們自心的清淨本性，如此與觀世音菩薩的心一樣──也就是未曾間斷的慈心和悲心。當我們的虔敬心、信心與觀世音菩薩的慈心、悲心合而為一時，可說是奇蹟出現：真正的清淨於焉發生。

據說當我們端坐在觀世音菩薩的壇城之前，雖然眼睛看不到祂，但是應該相信祂真的就在我們面前。就像我們在一位具力和神通的證悟上師面前，必定會非常注意自己的念頭和舉止；同樣的，當我們坐在壇城之前也必須非常警覺，才不會在聖者面前做出失禮的行為。如果能夠培養這種警覺與恭敬的習性，我們的惡業自然將會減少。

歷史上有不少患了絕症的修行者，在修持紐涅之後不藥而癒。以對佛教的理解來說，重大障礙的消除或重大病症的痊癒被視為加持，但像這樣的奇蹟確實會發生。奇蹟和加持不同，奇蹟（神蹟）是由證悟上師所顯露的一種證悟力。以佛教而言，真正的奇蹟會像是密勒日巴尊者坐在一個小型牛角裡那樣，弟子惹瓊巴看密勒日巴並沒有變小，卻能進入其中。或者

像是密勒日巴坐在一座湖上那樣，人們眼中的密勒日巴既未變大，湖也沒有變小，但是密勒日巴的身軀卻覆蓋了整個湖。這些是真正的證悟神蹟。除此之外，也有一些是平凡而有成就的修行者所能證得的共通成就，我強調「平凡」是因為一般人也能得到這些共通的成就，不必然是證悟的成就者。

身、語、意的淨化

在紐涅中，透過禁食可以清淨殺生、偷盜、邪淫的惡業和身體的遮障，來世因而不投生於餓鬼道。若投生為人，則不會有病苦或非人傷害；除此之外，還可得到美妙的身軀與令人驚艷的容貌。究竟而言，未來可以具足諸佛種種相好圓滿的無上身。

禁語和保持靜默可清淨妄語、兩舌、惡口、綺語的惡業和語的遮障，來世不投生於畜牲道。若投生為人，則自然會言語適切、辯才無礙並具影響力。究竟而言，未來可獲得諸佛證悟的妙音之語。

修持觀音禁飲食齋時若能一心專注，可清淨貪婪、惡念、邪見和意的遮障，來世不投生於地獄道，且將獲得修行的證量

和覺受（satori）。若生爲人，將個性開朗、爲人正直，且深具佛法慧根。究竟而言，未來可證得諸佛五智。

諸位不要忘記，心中的惡念或業力會使人蒙受地獄般的痛苦，這也告訴我們，心念是最重要的，蓄意的惡念是所有惡業中最嚴重的。我會這麼說是因爲經典中提到，一個人犯下偷盜或甚至殺生的身業時，若是心中沒有偷盜或殺生的意圖或瞋念，只會成爲墮入餓鬼道之因。地獄道是六道中最可怕的地方，而地獄道與心所造的惡業有關。僅僅是殺生的行爲，並不會使人墮入地獄；但若是懷著凶惡的意圖而殺生，則必然墮入地獄。

在此舉出一則意外殺生的例子。假設有一個人意外發生車禍而撞死人，由於他並無殺人的念頭，且在這起死亡意外之後心中非常懊悔，此人即使殺生，但由於沒有殺人的惡念，業力便不會那麼嚴重。當然，此事必會產生惡業，但不致使他墮入地獄。

一個老婦的故事

月幢菩薩（Dawa Gyelsten，達瓦嘉辰）是專門修持

紐涅的大師。有一次他落腳在西藏南方，一名衰弱的老婦前來請求加持。月幢菩薩為這位老婦加持、迴向祈願，對她開示病痛是因為過去世的惡業，她應多修忍辱與菩提心，並給予她很多指示。老婦人深受感動，生起了虔誠心。她含淚說道：「我相信自己過去世必然造了很多惡業，就連今世也做了許多可怕的事。」月幢菩薩說：「若能真心懺悔，惡業也能清淨。」老婦於是將她的故事娓娓道來：

「有個地方叫吉東，我以前嫁給那裡的一名富商，為他生了一子。兒子七歲那年，丈夫遠赴尼泊爾經商，三年未歸。我與他人通姦，生了一女。為了怕丈夫得知，我就將女嬰殺了。之後，我過著揮霍無度的日子。有一天兒子說：『等爸爸回來，我們就看看你會有什麼下場！』盛怒之下我抓起石頭砸向他，還說道：『我有做什麼嗎？』兒子因此流血而亡。我編了很多故事來掩飾自己的罪行，但是住在家中為我們祈福的老和尚將一切看在眼裡，所以我又將他毒死。有一天，丈夫真的回來了，還帶回許多金銀財寶。家裡的女僕告訴他所有

經過，我在一旁聽見丈夫說：『今晚我會裝作什麼都不知道，但是明天我會好好懲罰她，把她的眼珠子挖出來。』由於我極度驚恐，當晚便在酒（藏人的青稞釀酒）裡下了劇毒，丈夫和他的八名親戚、兩位鄰居和兩個女僕全都喝了，隔天早上他們陷入昏迷，兩天內全都死了。之後我逃到遠遠的南方，留在家鄉的父母和親人皆因我的惡行而飽受折磨。除此之外，我這輩子還做了許多卑鄙的事。」

月幢菩薩聽完這段故事，含淚想著：「可憐老婦的惡業這麼深重，只有修紐涅才救得了她，因為觀音怙主曾經發誓，只要修過一座紐涅的眾生，就不會墮入下三道。」於是他給了老婦教導和灌頂，並交代她必須修完八座紐涅。

老婦得到加持後立即覺得身體好轉，便在氏宿月❶中修持了八座紐涅。但在當中的某一日，她因為太渴而

---

❶藏曆四月依星宿來說屬於氏宿月（Saka Dawa，音譯薩噶達瓦），該月八日佛陀降生、十五日佛陀成道及涅槃。關於吉祥日修法的說明，見本書第十二章。

喝了一點酒，另一日則因太餓而吃了四個供養食子中的兩個，所以她完成了六座圓滿的紐涅，以及兩座破戒的紐涅。之後沒多久，老婦就往生了。

事隔多年，某天有人想起了這位老婦，便詢問月幢菩薩她後來如何。月幢菩薩以其神通力觀察，微笑對大眾說，雖然紐涅的功德利益非常大，但只有少數人能圓滿。老婦人已經投胎到印度東部一個富有的婆羅門家族，雖然她獲得了人身，但因為修持紐涅時破戒飲酒，因此有一些精神上的問題；也因為她破戒吃食，所以身形醜陋。但由於她對觀音非常虔誠，此生之後將投生阿彌陀佛的淨土。

月幢菩薩又說：「若能圓滿八座紐涅，必能轉生阿彌陀佛淨土，最後必定證得究竟佛果。僅僅圓滿一次齋戒即可不墮三惡途。這是一切諸佛菩薩的教導和法門，大家應盡力修持。」

紐涅確實是有強大加持力的淨障法門，因此我強烈建議患有不治之症、面臨各種障礙或為煩惱染污所苦的人，至少進行

一次連續八座的閉關。若是有人因業力成熟而患了重症，例如癌症，則應至少修持 108 座紐涅，以使惡業不致繼續成熟。若是有人能做 108 座的修持，我有十足信心，不論何種業障疾病都會痊癒，但 108 座的修持必須連續不斷。

我的一些弟子在修持這個法門之後，確實獲得一些益處，在這裡提出與讀者分享。曾經有一位女弟子患有心臟方面的疾病必須進行手術，但在修持這個法門之後，心臟就恢復健康。另一位女弟子原本胸部有一顆小腫瘤，修持八座紐涅之後，腫瘤消失了。還有一位弟子是癌症病患，我鼓勵她做八座紐涅修持，但她只進行兩座。完成之後她告訴我，在那之前她身心俱苦，現在則有如釋重負之感。另一位女弟子說，她修持紐涅之後才初次體會到真正的快樂。

除此之外，還有許多修持紐涅能立即體驗的功德利益。在帕媽比丘尼和一些傳承持有者的傳記中，也敘述了許多業障疾病得到痊癒的故事，下一章便收錄了幾則。

由於這個法門極為殊勝，據說供養一位紐涅修行者一餐飯食，功德等同供養一餐給一位八地菩薩，可見本法門的功德之大。另也據說在紐涅結束那一天，供養一餐給一位紐涅修行

者，功德等同供養一餐給五百位獨覺眾（辟支佛）。供養一餐給一位僅持八關齋戒者的功德，便等同供養一位阿羅漢，故而僅此供養本身就有極大的功德。紐涅的一位傳承持有者曾告訴弟子，在他往生後就把所有財物用來護持紐涅的修行者，其他大可不必。

總之，僅僅護持紐涅的修行者，即可獲得無量利益。如此的善業將使我們不墮入三惡道，能生起菩提心，未來生生世世將財物豐足，最終將能圓滿布施波羅蜜。

第三章

傳承與上師的重要性

紐涅此一珍貴法門，始自原爲阿富汗公主的帕嫫比丘尼。
她經由修持紐涅而證得佛果，並將這個法門傳授給弟子，因而
創始這個珍貴的傳承。

所謂的「證悟傳承」，必須是由完全證悟者所創始的傳承
方可稱之，這是絕對必要的。就密乘的傳統，修行者唯有透過
一眞正證悟傳承上師的加持，才可能獲得證悟，由此可見純正
實修傳承的重要性。這是從密續道究竟的承諾——即身成佛來
看。當然，一個人若是做了許多與修持相關的正確善行，未來
世將會證悟成佛；但若希求在此生就證得佛果，唯一可能的方
法便是追隨證悟傳承的上師修行，除此之外別無他法。基於這
個道理，我們所有的法本一開始都會先祈請上師以及珍貴的歷
代傳承持有者。

藏傳佛教有許多可貴之處，而我個人認爲其中的一寶，是
由諸證悟者持有而代代相傳至今的教法。他們已然得證，且法
教從最早開始到現在仍然歷久彌新。在目前這個時代，對藏傳
佛教的精神遺產來說，這是獨一無二的。換句話說，加持與傳
承到了今日仍然是鮮活的，我不知道未來會如何，但至少今日
它仍然和千年之前一樣美妙。我個人希望並祈願，此傳承在未

來數百年間依舊能維持其清淨與證悟的加持。

帕嬩比丘尼傳

　　紐涅法門的傳承始祖帕嬩比丘尼，相傳是鄔迪亞納國王的女兒。鄔迪亞納位於現今的阿富汗，久遠以前曾經是金剛乘興盛的佛教大國，人稱第二佛的蓮花生大士也是來自這個地區。阿富汗境內的巴米揚①曾有一座世界最高的佛像，由此可以證明佛教在該地歷史文化中所占的地位，但眾所皆知，這尊佛像不久前被塔利班游擊隊所摧毀。

　　相傳帕嬩比丘尼大約是西元第十或第十一世紀的人。由於宿世善業和慧根，她從小就體悟到輪迴和俗世生活的過失，並了解到如此的生活是毫無真實的安樂可言，因此決定捨棄皇族生活而出家修行。帕嬩比丘尼博學多聞又精通五明②，並且持戒嚴謹。

---

① 回教激進份子摧毀了這座佛像，因為他們相信崇拜偶像是愚蠢且錯誤的行為。依據回教教義，建造和崇拜雕像是嚴重的過失，會使一個人下地獄。

② 五明為：工藝學的工巧明、醫藥學的醫方明、語文學的聲明、量理學的因明、宗教學的内明。譯註：此為古印度的五種主要學術。

然而由於前世的餘業，帕嫫比丘尼患了痲瘋病，肢體逐漸衰敗。痲瘋病在當時被視爲不治之症，且因其具有傳染性，痲瘋病患皆爲社會所摒棄，帕嫫比丘尼也因此被迫獨居。痲瘋病患的四肢感覺會消失，常因意外斷肢而畸形，帕嫫比丘尼也不例外，她失去了雙手，必須如畜牲般飲食。她的身心極度煎熬，唯一的解決辦法就是祈求。顯然她那段期間是以大虔誠心不斷地深切地祈求。直到有一天，她夢見因扎菩提國王（King Indrabodhi）前來加持她並授記，若她能眞心修持觀音法門並向觀音祈請，將會於此生中證得殊勝的成就。隔天清晨她醒來，內心感到十分安詳，便開始於白天持誦「嗡瑪尼貝美吽」，而於夜間持誦長陀羅尼。

　　這是一般最爲廣傳的說法（版本），但有另一說爲帕嫫比丘尼前往卡薩巴尼叢林拜見觀音法門的大成就者師利星哈（梵語 Shri Sing Ha，藏語 Pal Gyi Senge，意爲吉祥獅子），從他那裡得到觀音法門的教導與修持方法。

　　不論如何，帕嫫比丘尼精進修持了約莫十六個月，卻仍不見成果，因此感到有些灰心。一天清晨，她因沮喪而心亂如麻，心想：「我眞的需要一門可以迅速成就的本尊法。我修這

個法不成功，又找不到別的法，沒有希望的話還不如去死。」
她想著想著便睡著了，醒來時看見水裡有一道燦爛的亮光，
她整個被吸引住了。光中出現一位騎著獅子的少年，告訴她應
該到東方的朋札瓦達那（Pundravardhana），少年說：「在那
裡，你可以見到三世諸佛本質的千手千眼觀世音菩薩，這是迅
速成就的本尊法，你應該到那裡修持和祈請，五年內即能證得
怙主度母的成就。」這位少年一邊說著、一邊在她舌上放了
一小顆加持丸。比丘尼問道：「你是誰？」少年回答：「我是
文殊師利。」比丘尼便說：「那麼我想請求你賜給我究竟的成
就。」文殊菩薩回答：「那就是我已經給你的成就啊！」接著
他就消失了。

　　之後，帕嫫比丘尼生起了大菩提心，憑著對觀世音菩薩的
強烈信心向東方出發。經過七天的行旅之後，她在一棵樹下休
息便睡著了。夢中她聽到野獸可怕的咆哮聲，驚恐之下，她以
大虔誠心祈請觀世音菩薩，所有的恐懼便消失了。在同一個地
方，帕嫫比丘尼還遇見七位頭戴花圈的紅色空行母告訴她說：
「待你獲得殊勝成就時，我們想成為您的眷屬和護法。」帕嫫
比丘尼問：「你們是哪一部的空行母？從何處來？」空行母答

道：「我們是蓮花部空行母，剛從鄔迪亞納來，我們希望你明
天前往朋札瓦達那，成爲空行母之首。」比丘尼說：「若是如
此，我想要能迅速到達該地的成就。」於是空行母在地上放了
一條美麗的絲巾請她坐上去。待她回過神來已經是傍晚，她也
到了朋札瓦達那自生的千手千眼觀音 ③ 塑像前。她發誓要留在
該地不間斷地修持紐涅，直到成就爲止。

　　不到一年，她的痲瘋病便已痊癒，並能入種種不同的三摩
地。她的雙手也復元了。雖然在修持的過程中有魔眾企圖障礙
她，但她都能以生起和圓滿次第，以及增上的菩提心來降伏他
們。由於她的修持功德，八大龍王誓言守護所有紐涅的修行
者 ④。

　　當帕嫫比丘尼二十七歲時，在藏曆四月（氐宿月）初一那

---

③幾年前我去拉薩時，在布達拉宮看見這尊佛像，現在也還在那裡。寺廟裡的管理員
　告訴我，這佛像來自朋札瓦達那，是真正那尊自生的十一面觀音像。他還說，在布
　達拉宮眾多的聖物和佛像當中，此佛像是唯一最珍貴的。那是一尊小型的檀香木佛
　像。布達拉宮中有太多其他裝飾得極爲莊嚴美麗的佛像和聖物，若是不知道這尊佛
　像的意義，將完全看不出來其珍貴之處。佛陀曾在佛經中提到修持紐涅時，壇城中
　最好供養一尊檀香木佛像。
④紐涅的修持當中會對護法龍王作食子供養，就是這八大龍王。

一天，她在淨觀中親見度母，證得一地菩薩的果位。度母並授記帕嫫比丘尼將行使三世諸佛的佛行事業。初八日，她在淨觀中親見不羂絹索觀音（Amoghapasha）事續的一切本尊，登至八地菩薩的果位。接著她又獲得授記，將以觀音法門令一切有情眾生獲得解脫。

第十五日，帕嫫比丘尼在淨觀中親見千手千眼觀音，其身內有四部密續諸本尊的完整壇城。在千手千眼觀音的每一個毛孔中，又有無量的佛淨土。她對觀音菩薩說道：「我祈請了十二年，終於得見您。」觀音回答：「從你祈請的第一天起，我就一直與你同在。但你因自己的遮障，所以看不見我。」之後，觀音傳給比丘尼許多的教授和加持，她因此證得十地菩薩的果位，且與觀音怙主無二無別。據說她的身體甚至變成了金黃色。

帕嫫比丘尼開始展露成就者超出凡常而離經叛道的行止，不知情者可能會誤以為是無禮或無恥的行為。為了遣除眾人的疑慮，在空行觀音（Khasarpani）的一場慶典中，她在人群中舞蹈，並以修法的小利刃將自己的頭顱切斷放在手杖上；她騰空升起，又回到地面上將頭放回身上。在場的信眾獲得極大的啟發，她便傳授了觀音的修持法門。這些善男信女後來都修持

觀音法而獲得成就，並往生到空行母的淨土。

帕嫫比丘尼的弟子眾

　　帕嫫比丘尼之後的第一位傳承持有者是**新月**（藏語 Dawa Shonnu，達瓦旬努；梵語 Pandita Chandra Kumara），他出生於西印度的婆羅門家族，十三歲出家，研讀大藏經並成為精通五明之士，在因明（邏輯）和聲明（語言）方面的造詣特別高，聲名傳遍印度。二十一歲時受具足比丘戒，大約在那時候他得了類似精神分裂症的疾病，藏語稱「心風症」，心會變得很狹隘，病患會感到恐慌且容易受外界干擾。

　　新月想盡辦法要治病卻徒勞無功，直到他遇見帕嫫比丘尼，經過帕嫫的加持而痊癒。帕嫫開示說：「過去世你曾經冒犯一位偉大的上師，事後向他懺悔，這一世你才因此得病受苦，但最後又能遇見了我。」帕嫫傳授給他千手千眼觀音的教法和實修指引，經過修持之後，新月成為完全成就大手印的大師。

　　新月之後的傳承持有者是**智賢**（藏語 Yeshe Zangpo，依喜桑波；梵語 Pandita Jnana Bhadra）。智賢出生皇族，但選擇出

家並努力研讀佛法，通達五明。他也和新月一樣，因往昔業障的關係，下半身長了灼熱的膿瘡。他一開始試著用藥物治療，但不見效果，便想可能是邪靈干擾，所以他拜見了一位大成就者，求得了降伏邪靈的法門。修持這個法門之後，他的情況變得嚴重三倍，膿瘡覆蓋了他的全身，由於疼痛難耐，他唯有將自己泡在冷水裡才能緩解灼熱之感。由於膿瘡的熱度太高，連水都變成熱的，他就只能不斷換冷水泡澡。他向許多偉大的上師求助，卻無人能幫他。

最後他來到新月的面前求助，當新月決定要救他時，便看見度母出現。度母告訴新月：「你無法救他的！他在過去世曾違犯與上師之間的三昧耶戒，才會有如此果報。你要請帕嫫比丘尼救他。」於是，新月祈請帕嫫比丘尼前來，師徒倆便前去探望智賢這位可憐的僧人。智賢那時正坐在湖中，他從湖裡向帕嫫比丘尼祈請，一經尼師加持，他的病立即痊癒。帕嫫比丘尼傳給他觀音法門，並要他向新月請法，以接受更多的教導。智賢修持紐涅三個月之後，即證得圓滿成就。

下一位傳承弟子是**班智達邊拿瓦**（Pandita Penyawa），相傳他是尼泊爾人，也是出身皇族且博學多聞。他的雙親不斷

催促他娶妻為皇室傳宗接代。他問雙親：「這樣會讓我永生不死，且能利益其他眾生嗎？」雙親回答：「不會，但是你可以延續皇室傳統。」他說：「若是如此，我想要做利益許多有情眾生的事，我認為那比任何家族傳統更殊勝。」

邊拿瓦於是專修文殊法門，直到有一天在淨觀中親見文殊菩薩，他向文殊菩薩祈求：「我要在這一生就獲得殊勝悉地，成就佛果。」文殊菩薩於是指示他前往印度，求見智賢，求請傳授千手千眼觀音法門的完整教導和指引。文殊說：「如此，你將於此生證得不共悉地。」

於是，邊拿瓦帶了一些黃金珠寶，離開父母前往印度。他在印度遇見兩位上師 —— 新月和智賢，兩位上師都非常喜愛他，視他為弟子。邊拿瓦領受了千手千眼觀音法門的教法與實修法門，此後便托缽為食，如此修持了五年。五年結束時，他親見千手千眼觀音，並且授記他圓滿成就。之後，他在印度利益了許多眾生，回到家鄉尼泊爾後，又利益更多的族人。當他圓寂時，身體消融化為虹光⑤。

---

⑤死亡時，已修得究竟慧觀和了證的修行者能將身體轉化為智慧身，即虹光身。具體而言，人的肉身逐漸縮小，最後消失。此類修行者有時候只留下頭髮和指甲。

邊拿瓦的弟子**月幢菩薩**（Bodhisattva Dawa Gyelsten，意思是勝幢月）⑥是傳承中的第一位西藏上師，他被所有人尊爲「觀世音菩薩」此大慈大悲的怙主。當時有許多博學且有成就的上師都在淨觀中獲得授記而前去拜見觀世音——月幢菩薩。以下是四個廣爲人知的故事：

　　第一個故事發生在月幢菩薩旅居尼泊爾時。有一位瑜伽士在寺廟掛單，一天傍晚，他看見許多空行母前來獻供，瑜伽士問：「你們從哪裡來？」空行母們回答：「我們是從東印度千手千眼觀音駐錫的朋札瓦達那來的，那裡也是六字大明咒示現的所在地。六字大明咒的人間化身是月幢菩薩，我們來到這裡向他獻供。」瑜伽士過去從未聽聞這位大菩薩的名號，他四處尋覓，終於找到了月幢菩薩，便迎請月幢菩薩到他的寺廟傳法，並得到了月幢菩薩的教授和灌頂。

　　第二個故事發生在西藏的芒域吉中（Mang Yul Kyi Drong）。有一位虔信觀音的大師連續七天七夜繞行觀音聖像並向觀音祈請，其間由於太累便小睡了片刻。夢中觀音現身，

────────────────

⑥第二章中「一個老婦的故事」，即發生在這位上師的時代。

告訴他：「假如你對我這麼虔誠，就應該對月幢菩薩一樣虔誠。他與我無二無別。」大師醒來後極度懊悔，想起過去曾見過月幢菩薩，卻未能生起虔敬心。從此，他對月幢菩薩生起大信心，成為月幢菩薩的弟子並承侍他。他從月幢菩薩處領受教法和灌頂，依眾人所知，此後他只向月幢菩薩祈請。

　　第三個故事發生在西藏的丁日（Ding Ri）。有一位偉大的修行人叫做「吽札巴」，意即「名聲有如吽字般響亮的人」，他修了二十五年觀音法門。一天晚上，他夢到一位白色男子告訴他說，觀音的化身是月幢菩薩，他應該對月幢菩薩生起虔誠心。因此他尋覓到月幢菩薩，領受了灌頂和教法而成為其弟子。

　　第四個故事發生在西藏。有位修行頗有成就名叫孔雀菩提智（Ma Ja Jang Chup Yeshe）的上師，他能直接和護法本尊溝通。有一天他預備要出門去拜見月幢菩薩的前一晚，護法前來夢中告訴他，若是想要見觀世音菩薩，應該即刻動身，護法會為他排除旅途上的一切障礙。這位上師對護法說：「我怎麼去見觀世音怙主？我是準備要去見月幢菩薩。」護法回答：「他就是觀世音。」

由於這些緣故，月幢菩薩被認為是觀世音菩薩的真實化身。月幢菩薩以其不可思議的佛行事業而聞名，例如他曾興建一百座寺院、救贖數百名被判死刑或挖眼的罪犯。他提供約一千兩百名僧眾食宿，又在險峻地區為旅人鋪路以保安全。

　　有一天，月幢菩薩正在對一群弟子傳授菩薩戒和教法，此時有一個名叫茲瑪拉的鬼靈出現，對月幢菩薩說：「請你示現修行成就的徵兆吧。」月幢菩薩於是將一手打開，大家都看到他的掌心中有一顆眼睛張大凝視著每一個人，就如觀音千手掌心都有眼睛一樣。有些人還看見月幢菩薩示現為十一面觀音，有些人則看見他是四臂觀音，另外有些人看見他是二臂觀音。茲瑪拉因而受到極大的激勵，於是誓言保護紐涅的教法。

　　月幢菩薩的弟子是**大成就者尼普巴**（Mahasiddha Nyi Phukpa），意思是「日光穴者」。尼普巴來自西藏西部的拉媧哦卓（Lhamo Oh Tro），意思是光芒空行母，相傳當地曾受到諸多加持。尼普巴出身貴族，自幼即人見人愛，故乳名暱稱為伊卓（Yi Trog），意思是擄獲人心者。九歲時，他已能讀寫流利，並向偉大的住持法獅（梵文 Dharma Sing Ha）求得出家戒。之後他精研經典，二十六歲時以行為清淨、嚴持戒律、博

學多聞而廣爲人知。

一日傍晚，尼普巴夢到一位應是度母化現的藍色婦女對他說：「貴族之子，你不宜久留此處，應當前去芒域丘岡拜見觀世音的化身，你將因此獲得殊勝悉地，並能利益許多有情眾生。」尼普巴依授記前去拜見月幢菩薩，供養他一塊黃金和三匹棉布。他請求月幢菩薩傳授可以迅速令自、他解脫輪迴的教法和實修法門。月幢菩薩沉默了一會兒，接著就微笑說：「你將成爲諸多有情眾生的偉大怙主。」月幢菩薩很高興地收他爲徒，並毫無保留地傳授他千手千眼觀音的法門。月幢菩薩囑咐他不可逗留在此不淨之地，應該前往此山的西邊，到一處叫做「馬山之門」的洞穴修行，他會在那裡得到授記。

尼普巴帶著少量的糌粑就上山，在洞穴中獨修七年，什麼人也不見。這當中，他得到能控制五大的成就，例如可以隨心所欲從手掌發出日光。一開始有個地方神祇嘗試種種方法障礙尼普巴，但是尼普巴以無緣大慈、大悲與觀音法門的力量克服了所有障礙。有一天，尼普巴看見五名頭戴白色髮帶、騎著五匹白馬的白色男子前來，他們的座騎後面還跟著五隻白犬，這五位白色男子說：「您是偉大的修行人。幾天前我們曾想要傷

害您，現在前來請您原諒。我們五兄弟想拜您為師，成為您的護法且承侍您。」尼普巴於是對他們講說許多關於因果業報的教導，五兄弟非常歡喜，誓言做尼普巴的護法。

此後，五兄弟每天都前來聽法。有一天尼普巴思惟著，他已經在該地修行多年，身體衰弱且用盡存糧，應該動身前往別的地方受供。這時候當地神祇（地基主）請他留下：「我將供養您飲食。」不久之後，當地神祇帶來一隻鹿屍，並向尼普巴保證會帶來更多食物。尼普巴不悅地說：「如果你這樣傷害眾生，我就要離開此地。」有一次當地神祇害一位游牧婦女生病，然後請大師幫助她，好讓她服侍大師。大師再次責備當地神祇：「別再這麼做了！」又有一次當地神祇對農夫降冰雹，好讓農夫以穀物供養大師請求幫助，大師再次責備他們。

最後尼普巴想：「若我繼續留在這裡，只會使更多眾生受害。」於是他準備離開。當地神祇一再哭求大師留下，但大師不予理會。最後當地神祇只好告訴他往北邊大約一天的腳程，有一個秀麗的山洞叫尼普，是個落腳的好地方。大師以神通力飛到尼普，並在那裡成就了許多佛行事業。他以自己的神通力以及村民的協助，建了一座寺廟和許多佛像，因此該地成為他

的法座，這也是他稱為「尼普巴」的由來。

　　這位聖者在修持紐涅時有許多經歷。有一天晚上他雙眼疼痛難忍，有如眼珠要蹦出一般。一名白男子出現告訴他，五百世之前他是印度南方的漁夫，為了殺死一條巨魚而擊碎牠的雙眼。「這是那次業行的餘業。」又有一天他下顎腫脹劇痛，白男子又告訴他，約九百世之前他曾用石頭砸破一隻水牛的下巴，「這是那次業行的餘業。」

　　無論如何，尼普巴成就了不可思議的佛行事業，他幾乎隨時都在修持紐涅，即使生病或身體不適，每個月至少會修三座紐涅。他得到授記將往生阿彌陀佛淨土，並在那裡由阿彌陀佛授記將證得圓滿佛果。在七十七歲的一個半月吉祥日，這位大成就者在紐涅的禁語日午後，示現殊勝的徵兆而圓寂。

　　大成就者尼普巴的大弟子是**蘇巴多傑嘉波**（Supa Dorje Gyalpo），意為來自蘇域的金剛王。他相貌莊嚴並散發勝妙戒香，因此得名竹清恭卻（Tsultrim Konchog），意為「持戒莊嚴且稀有」。七歲時，他修行的宿緣成熟而值遇大成就者尼普巴。尼普巴見到他非常歡喜，並告訴眾人，這位青年將持有一切勝者與勝者之子（諸佛和菩薩眾）的傳承法脈。

蘇巴多傑嘉波在尼普巴門下受沙彌戒，之後逐漸精通三乘法教，尤其精通律藏，且以嚴守戒律聞名。二十歲時領受比丘戒，並向尼普巴求受實修的法門。尼普巴歡喜地說：「你僅需一法，不需多法。」於是傳他紐涅的灌頂和教法。蘇巴多傑嘉波誓言將終生修持這個法門。尼普巴聽到弟子的發願非常歡喜，便取出自己唯一的水晶觀音塑像相贈，並授記他將修行成就。

領受教法之後，蘇巴多傑嘉波停留在一處，連續修持紐涅五年。在第六年初，藏曆三月的半月日，他親見觀世音菩薩，時年三十六。由於觀世音菩薩的加持，他的身口意變成與觀世音菩薩無二無別，立時成就大神通，並成就各種神妙行。此後，他爲有情眾生帶來極大的利益。

蘇巴多傑嘉波的一生專修紐涅，並以托缽維生。相傳他在夢中參訪過所有的佛國淨土。有一晚，他夢見自己來到阿彌陀佛、藥師佛以及許多佛菩薩跟前，他聽到菩薩們在談論他：「我們應該收他爲子。」其中一位菩薩相貌莊嚴且身放五色彩光，說道：「我曾十七世與他有緣，想要收他爲子。」當蘇巴多傑嘉波一聽見這些話，五色彩光於刹那間融入他的身體，他

便從夢中醒來。事後他請一位唐卡畫師將此淨觀畫出來 ⑦。

　　蘇巴多傑嘉波曾示現許多利益眾生的聖蹟。他一生中從未飲酒或嚐肉，且不斷修持紐涅直到圓寂為止。人們在他的遺骨上看見許多觀音聖相，骨灰中並有許多如珍珠般的小舍利。這些舍利被裝臟到佛塔中供人瞻仰，相傳只要對著舍利塔祈請或禮拜，舍利子便會不斷增生，迄今依然如此。

　　蘇巴多傑嘉波的大弟子是**祥東札吉**（Shangton Drajig），意為來自吉祥地的鎮敵師。他出生於卓普爾地區，誕生時大地震動，天空雷雨交加，家族的一位敵人被嚇得不敢再作惡威脅他們，因此家人給他取了小名「札吉」。

　　祥東札吉七歲時已能流利讀寫。他向蘇巴多傑嘉波求得沙彌戒，然後前往偉大的薩迦寺廣學佛法，成為博學多聞的僧人。到了二十九歲，他的名聲已傳遍整個中藏地區。他特別精通律藏，能完整背誦律儀並教導他人，之後成為寺院的住持，帶領五百多名僧眾，行住坐臥皆嚴守偉大噶當巴傳承的寺院律儀。這段期間他主修藥師佛和度母，後來依據度母的授記，向

---

⑦我個人不確定這幅唐卡是否尚存世間，但過去確有此物。

蘇巴多傑嘉波求得千手千眼觀音的教授和灌頂。

隨後祥東札吉不間斷地專修紐涅三年四個月，之後在一滿月日的晚間初分，他親見二十一度母，第二分又親見藥師八佛，到了當晚的第三分，也就是清晨，他親見觀世音菩薩，周遭圍繞著許多行部與事部的本尊，他直接從這些本尊天眾——特別是觀世音菩薩，領受了灌頂和加持。

觀世音指示他說：「我兒啊！千萬不要仰賴世人祈福超度的供養而活，你應隱居閉關。若可，就以瑜伽士之食或拉薩亞那調息法（梵語 rasayana，一種從空中取得養分的特別法）維生；若不能，則至少應托缽為食，盡力利益眾生。」祥東札吉向上師秉告這些覺受，表示想要閉關。蘇巴多傑嘉波指示他要再教導佛法三年，並將上師贈予的水晶觀音傳給他。

三年後，祥東札吉將所有舒適的衣袍、佛像法器和其他個人物品全數布施，悄悄地離開人群到隱密的山谷修行。他連續三個月不間斷地修持觀音禁飲食齋，直到得了熱病。此熱病一燒即是七日，由於病情嚴重，他以為自己就快要命喪黃泉。一日清晨在寤昧之間，觀音現前說：「多世之前你是印度漁夫，用滾水燙死了好幾條活魚來吃，這個惡業使你在滾水地獄中

受苦幾千萬年，當時我以一道光芒碰觸到你，使你投生爲人。十六世之後，你才有機會和我結緣。現在你是眞的親見我，這熱病是你該業行的最後餘業。」此時，觀音將手放到他的頭頂，刹那間即痊癒了。

祥東札吉又持續三年精進修持紐涅。有一段時間，由於勤修苦行且衣食匱乏，體內風大不調，使他幾乎昏厥了七日。他醒來之後極度飢餓，只要能吃的東西皆用以果腹。有時他將木屑用滾水煮燙來吃，有時吃蕁麻，有時吃牧人留下的殘食。另外一段時間，他連續七個月沒吃沒喝，頂多喝一滴水，如此極度苦行，不間斷地觀修觀音法門的生起和圓滿次第。三年後，他成爲大成就者，村民皆知他會飛到山巓觀看日出日落，並能使河水逆流。簡言之，他已經具有各種神通力。

祥東札吉圓寂時也示現種種殊勝徵兆，他的遺體茶毘後出現大量白色的小舍利，他的舌和心則保持完好無缺。這些舍利子後來被收集保存在兩只寶盒中。

祥東札吉的大弟子是**蔣巴堪千澤都瓦**（Jangpa Khenchen Tsidulwa），意爲北方來的大住持澤都瓦。澤都瓦自幼即顯現異於凡人的特質。八歲時他夢見家鄉滿山遍野都鋪滿了烏巴拉

花，每一朵花上面都坐著一尊度母。九歲時和同伴們玩耍，身上的一隻小蝨子 ⑧ 掉落地上，小澤都瓦非常難過，到處尋找小蝨子想把牠放回身上。其他村童也幫忙尋找，但遍尋不著，同伴們便說：「回家吧。」小澤都瓦卻不願意回家，他留在那裡繼續找了一整個晚上。隔天早上他找到小蝨子，但牠已經死了。小澤都瓦哭著把小蝨子從地上撿起來放到前額說：「這是我的父母。」

每逢讀到佛經開示輪迴的種種過患時，澤都瓦就不斷哭泣；聽到別人談論佛法時，他總是說：「我要修行」，並發願依此而行；看見別人受苦受難時，他誠心發願要代他們受苦，讓他們能修行。他還多次夢到自己出家。

一天晚上，一位白男子到他夢裡說：「不要難過，你將來會出家，成為許許多多眾生的大導師、大解脫者。」又有一次他夢到普陀淨土（Potala，音譯波達拉），並十分清晰地看見淨土的種種景象。

---

⑧蝨子是一種無害的六足小昆蟲，在藏地很常見，可能是因為藏人不常沐浴更衣的緣故。由於我們那裡並無現代化的便利奢侈設備，當我還住在寺廟裡時，每個人身上都會有蝨子。

澤都瓦時時對受苦的人生起極大的慈悲心，且對世俗的出離心不斷增長。他在二十一歲時出家，主修彌勒法教，不久之後即以梵行和博學聞名，人人稱他為「無盡慈悲菩提」。由於他嚴守清淨戒律，因此身體散發出戒香。

澤都瓦一次在山谷中過夜，夢見一名藍色的婦女敲著「鑴第」（gendi）⑨，族人聞之紛紛聚集。他醒來後思惟此夢是為吉兆，心想若能在此地建寺，當可利益有情。因此，他在該地興建了一座大寺院稱為「巴殿多托」（Pal Den Dok Tho）。由於他法財豐廣，寺廟裡供養了上千名僧眾，得以傳揚佛法且利益許多有情。

澤都瓦主修「自他交換法」，個人本尊是藥師佛和度母。一天晚上於夢中，度母授記他應前往拜見祥東札吉上師，請求

---

⑨ 梵語，指自佛陀時代開始，僧人用以集眾的一種古代木椎。傳統上，西藏寺廟在雨季的結夏安居時，會依照律藏傳統使用這種特殊的木椎，且只在這段時間使用。此外，佛經中也有《楗椎經》（*The Sutra of the Gendi*）以及《楗椎擊叩時刻經》（*The Sutra on the Occasions for Use of the Gong*）。譯註：佛寺所用的打板大多為木製，又稱雲板（版），因其版形如雲，功能不外是報時和報事：開靜與齋時──清晨三點鳴鐘、擊鼓、敲雲板，稱「小開靜」，由香燈和大寮行者先起床；接著雲板與諸堂板齊鳴，為「大開靜」，此時全寺住眾皆起；用齋前敲板，則是「齋板」。

千手千眼觀音的灌頂和教授。以此因緣，他在上師跟前誓言要修持一千座紐涅。

當他完成三百次紐涅閉關後，適逢藏曆四月（氐宿月）的滿月日，他親見千手千眼觀音，並獲得加持，於當下了證。另一次他親見度母，為他淨除了修持菩提心的一切障礙。又有一次他夢見身處尊勝宮（Victorious Palace），接受四灌頂和五部空行母的諸多吉祥授記。此後他便能幫助許多有情眾生解脫輪迴。

澤都瓦於八十四歲圓寂，顯現諸多瑞相。據說他立即轉生到彌勒菩薩的極樂淨土，後來到了阿彌陀佛的淨土。

蔣巴堪千澤都瓦之後的傳承持有者是**卻甲德瓦千巴**（Chogyal Dewachenpa），意為極樂淨土之法王。他出生在一個叫「多梅」的地方，本名釋迦菩提（Shakya Jangchup）。七歲時出家精進學法，至十五歲時已通達般若波羅蜜多經典和律藏，並能教導弟子。

他以藥師佛和度母為個人的主修本尊。一天，他見到來自檀香森林的三位度母化現，指示他應前往拜見蔣巴堪千澤都瓦。如此，他從蔣巴堪千澤都瓦那裡獲得了紐涅的灌頂和教導，並累積了必要的咒數，圓滿了二十一次閉關修持。之後，

他回到家鄉建寺，並常住該地持續教導般若波羅蜜多經藏和律藏達二十一次。之後，他向上師誓言完成一千座紐涅。

如上師一般，他在圓滿三百次閉關之後的半月日出現了淨觀。有一道白光引領著他前往觀音的普陀拉淨土，淨土中的景象與佛經中的描述完全相符。整個淨土由珍寶所成，有花草樹木和美麗湖泊，以及各種莊嚴事物。他看見觀世音菩薩端坐在寶殿正中央的蓮花和月輪之上，周圍有十方佛菩薩圍繞，他在光中得到觀世音菩薩的授記和灌頂。此後他即能生起各種三摩地，具有自然生起的神通力和神妙力，因此利益了無數有情眾生。

他在圓寂時示現許多瑞相，相傳他已到了觀世音菩薩的普陀拉淨土。

卻甲德瓦千巴之後的傳承持有者是**堪千秋桑瓦**（Khenchen Chuzangwa），意為秋桑瓦大住持。他出生在一個叫「慕吉東噶」的地方，受戒名為「菩提熾盛」（Jangchup Bar）。他既博學多聞、通達教理又能廣修佛法，一向喜於山中關房獨居。二十歲時成為具足戒比丘，一心致力於實修。

一天晚上，堪千秋桑瓦夢見一白男子前來，白男子說堪千秋桑瓦和他有緣，並指示他應前去拜見卻甲德瓦千巴。堪千秋

桑瓦於是按著授記前去拜見大師,並領受完整的觀世音實修法門和紐涅法本。他遵循上師的指示立即不間斷地修持紐涅,並和上師以及師公一樣,在連續修持三百座紐涅之後了證。在一個滿月日傍晚,他親見千手千眼觀世音菩薩為噶當派傳承上師所圍繞。

他對著觀世音菩薩悲歎道:「我這麼久以來都觀修並祈請您,為何至今才能見到您?」觀世音菩薩回答:「我從不曾離開過你,連一剎那都沒有。但是在我指示你前去拜見上師時,那一刻你心中閃過猶豫,懷疑我可能是魔的化現,這細微的猶豫使得你到現在才見到我。」

言畢,觀世音菩薩便加持他,並指示他如何廣利有情眾生。自此以後,堪千秋桑瓦自覺與觀世音菩薩已無二無別,並時刻蒙受祂的指引。他靠著托缽維生,卻能護持三百名僧眾的飲食,廣傳教法並利益有情眾生。

秋桑瓦的一生中有許多聖蹟。他修藥師佛時親見藥師八佛,並由護持藥師佛的夜叉神主親賜他甘露。他修十六阿羅漢時,親見十六阿羅漢降臨法會。

秋桑瓦在一次傳法中授記:「三百年後,於我建寺之處將

出現三種吉兆，彼時就表示紐涅將成爲易修法門，故而應側重修持。此法門是我們用以清除惡業的掃帚。」

　　他在圓寂前交代弟子：「我即將離去。我留下的財物不須用做別的法事，只須用於紐涅的法門，能護持越多人越好，最好是供養給那些修行者⑩。」他指的是在紐涅第一日的供食。「若不足以供養一餐，就在圓滿兩日後的出關清晨供養湯、粥。若不足以供養湯、粥，就供養鹽、奶。若不足以供養鹽、奶，就供養煮粥的柴薪。總之，我聽到觀世音菩薩親口宣說，如此的利益功德遠大於其他法事功德。這是聖觀世音菩薩的眞實語，絕非凡夫言論。」

　　在給予這些指示和許多其他教導後，堪千秋桑瓦便圓寂了。三天後，他的法體已縮小到七歲孩童的大小；若是能保持一週都不受干擾，便將逐步消融化爲虹光。他的一位弟子見狀，心想：「在上師的法體整個消失之前，我們最好先進行火化，這樣才能保留舍利作爲祈願所依。」於是弟子火化了縮小

---

⑩ 依照傳統，虔誠的弟子會確保將上師留下的所有財物都拿去做法事功德，例如護持特殊的祈願法會、興建佛塔等等。

的法體，燒出了大量的舍利。

堪千秋桑瓦的大弟子是法之主**謝拉本波**（Sherab Bumpo），他的家鄉是中藏一個叫「朵托薩榮」的地方。他出生時有許多瑞相，幼時名叫桑波帕（Zangpo Pal）。他於十一歲出家，受戒名爲謝拉本波，對佛法具有自然而深厚的虔敬心，同年即能研讀和講說彌勒對般若波羅蜜多的教導——《現觀莊嚴論》（*Abhisamayalamkara*）和《大乘莊嚴經》（*Sutralamkara*）。眾人對他如此年紀即智慧過人皆感到驚訝。他在二十歲前已學完所有的佛法，之後便修持清淨的律部傳承，並以具足律部行者十二種功德⑪爲人所津津樂道。

由於宿世因緣，他得遇偉大的覺囊坤朋（Jonang Kunpong），接受了許多其他經部和續部教法，特別是時輪金剛續的完整教法，以及觀世音菩薩的教法。他以大精勤修持六瑜伽⑫、時輪金剛續的圓滿次第，並圓滿六支瑜伽的十種成就徵兆。

---

⑪勤學、大智、不聚財、大悲、覺性、持苦行、無疲厭、善修教言、捨離俗世、具備知識、博學多聞、了知煖相。

⑫藏語 Jordruk 久竹，意為六支瑜伽，源自於時輪金剛教法。

他也因成就五神通力❶與其他多種神妙力而聞名，並遵循上師的指示在「慕休咕擦」一地建寺，使佛法在該地興盛，各種事業欣欣向榮，利益許多人與非人。

　　謝拉本波曾親見紅文殊，也曾親見度母。度母指示他前去拜見秋桑瓦，向他求受帕媜比丘尼傳承的千手千眼觀音灌頂和其他觀音及紐涅教法。隨後他便開始修持紐涅，三個月後即親見千手千眼觀音，周匝還有許多度母化身圍繞，此後他便與觀音無二無別。他的大弟子多美桑波（Thogme Zangpo，即無著賢）等人皆曾見過他顯現為四十臂觀音、四臂觀音等。

　　謝拉本波智識極佳，身為上師和實修者，他宣揚佛法與利益眾生的廣大能力非凡夫所能測度。如同往昔祖師，他圓寂時亦顯現許多神蹟，荼毘時亦生出許許多多的舍利子。

　　下一任傳承持有者是**無著賢菩薩**（Bodhisattva Thogme Zangpo Pal，梵語 Shri Asanga Bhadra），眾人皆稱他為三世一切諸佛無量慈悲的具體化現。他最聞名的事蹟即是著作了大乘行者普皆讚揚的《佛子行三十七頌》。眾人稱呼他努秋多

---

❶五神通為天眼通、天耳通、神足通、他心通、宿命通；六神通則再加上漏盡通。

美（Ngulchu Thogme），「努秋」的意思是水銀，指的是多美桑波巴後半生所居住的水銀法堡；「多美」則是來自無著菩薩（Bodhisattva Thogme）的名字。

無著賢的出生地札迦秋休（Drak Kya Chu Sho）接近吉祥薩迦寺（Sakya Monastery），當他出生時，大地微微震動且天降花雨。幼時得名昆秋桑波（Kunchok Sangpo），由於宿世修持菩提心，自牙牙學語以來便珍愛他人遠甚於自己為重，對於處境艱難之人更為慈悲，且極恭敬三寶和其他賢善之士。與其他孩童玩耍時，他的遊戲總是和傳法或修行有關。

昆秋桑波和大多藏族男孩一樣出身牧童，一直到十四歲才出家，受戒法名為桑波巴（Sangpo Pal），受戒之日也天降花雨。此後他研讀經部、中觀學理、般若波羅蜜經、律部、阿毘達摩等教法，相當年輕時即因博學而聲名遠播。後來他在博東（Bhodung）落腳且建寺，該地成為他的法座所在。

無著賢曾跟隨許多位上師學習，其中不乏名師，包括覺囊派的無上傳承持有者遍智者多波巴（Dolpopa）、時輪金剛傳承大師之一的布敦仁波切（Budun Rinpoche）、吉祥薩迦傳承持有者薩迦巴登喇嘛（Sakya Palden Lama）、香巴噶舉傳承

持有者桑傑翁（Sangye Won）、大伏藏師仁千林巴（Rinchen Lingpa）、梵藏大譯師龐（Pang），以及其他大師如堪千卻傑巴（Cho Je Pal）和卻傑索南巴（Cho Je Sonam Pal）等等。他總共在五十多位上師門下學習，並研讀自梵文譯爲藏文的所有法教。

　　修心是無著賢的主要修持，他能依修心法門所教如實生起世俗諦和勝義諦的菩提心。由於他的證量，能夠實際地承受他人的病苦。不論是皮膚受傷（這是一種因蝨蟲侵擾而患的劇毒絕症），或其他長期病痛、精神病症等，僅僅憑著他的大悲力，便能夠立即減輕對方的痛苦，而對方的疾病則會短暫出現在他身上。他能攝受各類眾生，讓對方在此生立即獲得佛法的利益，並引領他們走上究竟解脫道。

　　無著賢從上師處領受珍貴菩薩戒時，有許多殊勝的徵兆，例如大地震動、天空出現彩虹等。他在法之主謝拉本波座下領受許多法教，包括時輪金剛續的六支瑜伽。如同上師一樣，他以修持六支瑜伽而圓滿十種徵兆和八種功德，展現成就者的徵相。不過，謝拉本波上師告知他，其實他的宿世業緣本尊是千手千眼觀音，並傳給他龍樹尊者、禪達果曼（Chanda

Gomen）、帕嬤比丘尼，以及其他幾個傳承的千手千眼觀音灌頂、口傳和開示。

四十三歲時，無著賢請求他的一位上師 ── 大譯師龐（Pang）接管他的寺院，其後便前往水銀法堡洞窟潛心閉關修行，從此之後，他只見侍者一人。接下來的二十年間，他每日勤修紐涅與修心，其間並做百次大禮拜和念誦數量驚人的經續二部祈請文。他每日的作息內容超乎凡夫的想像與理解。

如此閉關不到半年，他便親見千手千眼觀音，周圍有壇城五尊眷屬和其他許多不同形貌的本尊圍繞。無著賢親受觀音加持，自此以後即與觀音無二無別，並生起與觀音等同的悲空證量。

第三世噶瑪巴讓炯多傑首座弟子之一的哲窩多滇（Trewo Tokden，Tokden 意為成就瑜伽士）是一位當代大師，他對於無著賢的描述為人津津樂道：「說到大悲觀世音菩薩，我們講的不是寺院牆上畫的白身畫像。我們講的是慈愛對待所有眾生猶如獨子、已經圓滿空性和大悲的修持者，就像無著賢菩薩一樣。」

無著賢眼中從無他人的過失與短處，總是自己默默承受。不論是誰，他口中只說對方的善德。此外，他從不受世間八法[13]

所動。

由於他的慈悲力，不論人與非人，乃至於家中豢養的牲畜、野生動物，或甚至是掠食性動物，一接近他即變得調伏而寧靜。即便是平時會吠咬乞丐的看家猛犬，一見到他即變得安靜馴服，乞丐們對這些猛犬的恐懼和瞋恨心也會隨之消失。凡是他所到之處，爭鬥中的人們、掠食者與獵物，如貓與鳥、羊與狼，在他面前都會變得和諧相處。

無著賢繼續圓滿六度波羅蜜的修持，將一切資財都布施他人，甚至自己的座墊、衣服都無例外。簡言之，正如同經典中所說：「真正的菩薩徵相為具足慈悲心、柔和語、可靠、能施、智慧深廣、能清晰明白講說佛法。」無著賢便顯現了所有這些特質。

每當無著賢為弟子傳授菩薩戒時，必然出現天降花雨等奇景。一次他對弟子眾說：「在阿底峽尊者和他的心子種敦巴的時代，由於某種原因，菩薩戒僅傳給少數人，從那以後戒師因而很少，也僅有少數人有因緣發菩提心。現在我要解除當時的

---

⑬世間八法（八風）為：利、衰、毀、譽、稱、譏、苦、樂。

禁令，從此以後你們之中誰能傳戒的就應當傳戒。」

他的寢室和衣服經常飄著戒香，弟子們也經常看見他顯現為觀音的形相。他能圓滿修持睡夢瑜伽，精通幻身，並有廣大的神通力。他經常傳授出家戒與菩薩戒和諸多教法、撰寫許多手稿、一生當中長時間閉關、有許多弟子皆是成就者（siddhas）。而一般人光要完成這其中一項，可能就得花上一輩子的時間。

當時西藏各大教派中最有名的上師，都來向無著賢學習。喜馬拉雅地區說著各種不同語言的人，都在他座下聞法修行。所有與他結緣者，無論是見到他、聽聞他、憶念他或碰觸他的人，各個皆心續成熟，因而獲得解脫。

在藏曆鳥年九月二十日傍晚，無著賢示現許多神奇的徵相而融入觀世音菩薩的心間。

除了帕嫫比丘尼以外，無著賢可能是紐涅傳承中最聞名的上師，在這裡以他的傳記做為傳承上師傳記的結束。這位不可思議的大菩薩有許多弟子，而西藏現今最廣傳的紐涅傳承即是從他而來。我們之所以在這裡打住，並非此傳承於焉終了，而是因為他將這個法門如此廣傳，使其成為藏傳佛教現今各傳承

法教的一部分。

無著賢菩薩之後的偉大傳承持有者之一久滇恭卻桑波（Jo Den Konchok Zangpo），開創了噶瑪噶舉教派的紐涅傳承，而另一大派覺囊派則從傑日巴金巴（Je Rigpa Dzinpa）開始，此傳承最早的法源出自大菩薩札噶索南仁千（Drakar Sonam Rinchen）。該傳承後來傳至蔣貢坤噶卓秋（Jamgon Kunga Drolchog）和多羅那他（Taranatha）等大師。這些傳承大師的傳記無法在此一一描述，而傳承的加持力至今未曾衰損，依然鮮活。

若想認識所有的傳承上師，可以閱讀個別上師的傳記。由於許多上師的傳記已不可考，故而在此省略無著賢以降的上師傳記。

紐涅法本編撰者——堪千札西偉色

我們目前所修紐涅閉關的法本，作者是堪千札西偉色（Khenchen Tashi Ozer）。我雖未能閱讀這位大師的傳記，但在此淺談幾個我從珍貴證悟上師金剛持卡盧仁波切處親耳聽聞

的教導和故事。

堪千札西偉色是十九世紀的偉大人物,住世直至二十世紀初。他是一位相當博學的大師,並且是十九世紀全然證悟之蔣貢康楚大師的大弟子。從蔣貢康楚的著作中,不難看出堪千札西偉色的偉大之處。每當蔣貢康楚提到他,必稱他爲「持守三藏法要者」。

堪千札西偉色與金剛持卡盧仁波切的父親互爲師兄弟,都在蔣貢康楚座下學習,師兄弟彼此之間戒律清淨。卡盧仁波切出生時,堪千札西偉色正巧在他父親宅中做客,因此他爲卡盧仁波切舉行傳統的出生加持儀式,爲他剪髮並以淨水灑淨加持。

我的證悟上師金剛持卡盧仁波切的上師,是偉大的喇嘛諾布,他是一位全然證悟的上師,而其主要上師就是堪千札西偉色。雖然喇嘛諾布也從蔣貢康楚大師直接領受教法與灌頂,但他認爲堪千札西偉色才是他的根本上師。

在吉祥的噶舉傳承中,堪千札西偉色是傑出的比丘戒傳承戒師,受到當代眾多上師的一致高度敬愛。此外在西藏歷史中,他也是公認的高僧之一,由他傳授戒律,就等同獲得佛陀親傳的戒律,因他曾在淨觀中直接由佛陀授予比丘戒。

我們的傳承包含了許多不同且顯耀的傳承，例如大手印傳承、菩薩傳承、比丘傳承，以及大乘八關齋戒傳承和紐涅傳承。例如蔣貢康楚大師從他的根本上師之一──香巴噶舉大師噶瑪賢遍偉色（Karma Shenphen Ozer）獲得大乘八關齋戒的傳承，而噶瑪賢遍偉色是真正的大成就者，甚至有人曾經看見他神奇地飛起來。

　　堪千札西偉色除了是出色的比丘戒傳承持有者之外，我想堪千應該也持有紐涅的傳承。我們所用的紐涅法本，其中的「傳承次第祈請文」並非最新，於法本撰寫之後的幾位傳承持有者皆未列入，我認為應該將這些大師的名字增補進去，包括堪千札西偉色、喇嘛諾布大師，以及金剛持卡盧仁波切，以使傳承上師的名冊更為完整。

小故事大啓發

　　再說一個堪千札西偉色的故事。雖然這和紐涅並無關係，但我個人認為頗具啓發意味。堪千札西偉色是個四處遊方、居無定所的瑜伽士，即一般所說自在無造作的瑜伽士。他和

一位夥伴同行，旅途中不時會缺乏糧食。堪千為人一向謙下，若逢人問到他們是誰，他總是說：「我們不過是鄉下來的老頭子。」

有一次他們再度缺糧，途中遇到幾個路人，堪千一如往常說他們只是一般凡夫，同伴懊惱的說：「你為何不說實話？你是在撒謊！若你說實話，人們就會幫助我們，我們多少能得到供養。」同伴應該是和他發生這類爭執，當晚就下體脹痛。

隔天又遇到幾個路人詢問他們是誰，這回堪千說：「嗯，我的名字是堪千札西偉色，這位是我的同伴某某人，我們從某某地方來，昨晚下榻在某某地方，夜晚時他下體脹痛難耐，相當受苦。今天我們到了此地，打算往某某地方去。」他一五一十道出整個經過。他的同伴氣極敗壞地說道：「你為何全都講出來？」大師回答：「你不是教我說實話嗎？我就照實說啊！」

這個故事是卡盧仁波切親口說的，說明了一位大師自在而不造作的風範，對我而言是個妙不可言的故事，故而在此與讀者分享。

▌ 第二部 ▌
紐涅儀軌

第四章

禮讚佛陀十二行誼

紐涅的修持中，首先讀誦的是《佛行十二誼讚》❶。此
十二行誼乃是佛陀生平的十二項主要事蹟：

- 自兜率天降生人間
- 入於母胎
- 誕生藍毘尼園
- 通達五明
- 精通武技
- 享受宮廷與婚姻生活
- 捨棄權位
- 苦行六年而後捨棄
- 戰勝群魔
- 菩提樹下悟道
- 轉法輪
- 入涅槃

---

❶本書中所有與法本內容相關的部分，均以「光明自然成就樂空禪林」的法本譯文為
準，也就是與原文書相同的內容中譯。

佛陀出世無疑是人類史上的殊勝事件。當然，此類殊勝事件久久才出現一次。一般凡夫很難理解佛陀降生人間的緣由，只有完全證悟的聖者才可能了解此中的深奧意義。佛教的不同傳承對於佛陀的殊勝行誼各有不同的詮釋。大乘觀點認為佛陀降生人間時是十地菩薩，只需登至最後的第十一地果位，即證得圓滿佛果。

　　儘管如此，若是以傳記的角度來看，佛陀的一生似乎歷經了一般輪迴眾生歷經的所有過程，但實際上，佛陀所有的行誼都和他本身的證悟有著特別的關聯。《佛行十二誼讚》便是從大乘觀點來說明這些事件。

　　佛陀於降生人間之前，在兜率天中為天人說法，兜率天中的天人福報具足，能聽聞和領受珍貴的佛法與實修法要。我們唯一的怙主釋迦牟尼佛那時歷經累世的修行，已完成一切的修道發願和資糧累積，即將登至圓滿果位。當時因緣已到，天空中出現了樂音，那是燃燈佛（梵文 Tathagata Dipamkara）最初對他即將證道而名號為釋迦牟尼佛的授記，十方諸佛也鼓勵佛陀為了利益一切有情而邁向最後的階段。

　　佛陀在《般若八千頌》中憶起此授記：

　　如是，天眾！當我於提和衛國（Dipavati）集會中值遇燃燈佛，已具足圓滿般若智慧，因此燃燈佛授記某日我將圓滿證悟，並說道：「年輕的婆羅門，你將於未來無數劫後成佛，名號釋迦牟尼，具一切智與善、如實到達彼岸、知世間者、無上者、調服一切者、天神和人道眾生的導師、覺者、受加持之主！」①

　　當時佛陀是兜率天中的登基王子與修行導師，因此，他將領導天眾修行的責任和王位轉交彌勒菩薩，並授記他將是下一位未來佛。之後，他隨即決定自天界下生人間。他特地觀察五種下生的條件：地點、種姓、父、母、時間。當五種條件皆無誤且合宜時，他便從天界而下，進入母親的蓮花宮中。當時他的母親正在持八關齋戒，夢見一隻有六個象牙的白色幼象入胎。

----

① 此經已由理查‧貝卡（Richard Babcock，或稱 Copper）譯為英文（線上查詢：http://www.fodian.net/world/0228.html）。譯註：具一切智與善──正遍知、如實到達彼岸──善逝、知世間者──世間解、無上者──無上士、調服一切者──調御丈夫、天神和人道眾生的導師──天人師、佛陀、受加持之主──薄伽梵。

懷孕期間，佛陀的母親毫無一絲不適或痛苦，心中充滿極大的喜悅。據信，佛陀住於母胎時有如居住於珍寶宮殿中。為了象徵圓滿菩薩十地果位，他在母親腹中住胎十個月。在佛陀的母親即將臨盆前，她依照印度傳統從皇宮返回娘家待產，途中路經藍毘尼園時，她以一手扶住樹枝小憩，此刻佛陀神妙地從她的右脇誕生，未令其母親感受任何生產的痛苦。

　　佛陀一出生，天神和天人眾立即為他沐浴。佛陀向四個方向各走了七步，象徵大菩薩隨時依止的四無量心②，他的步伐所即之處，地上便自然顯現一朵蓮花。此外，佛陀出生時，天空中正好升起一顆名為「勝王」（Gyal，梵文 Tisya，拉丁文 Cancri）的星星，佛陀舉起手指向天空說：「天上天下，唯我獨尊。」語畢，藍毘尼園頃刻間百花綻放，大地微微顫動，天空中閃耀著金色光芒。

　　西藏史書《藍誌》（*Blue Annals*）③中記載，當時中國帝王和他的臣子正朝著西方眺望，觀察到天空中顯現不尋常的金

---

②四無量心為：願一切眾生皆具快樂及快樂的因，願一切眾生皆離痛苦及痛苦的因，願一切眾生恆時不離無苦之妙樂，願一切眾生遠離愛惡而安住於大平等捨。
③《藍誌》是一部聞名的史書，作者為給洛雄努巴（Geu Lo Shun Nu Pal）大師。

黃色，皇帝訝異之下詢問了一位大星象家。這位智者繪出星象圖，指出西方誕生了一位完美的聖人，天空的金光便是那位聖者的光環。依據《藍誌》的記載，這一年是公木虎年。

　　佛陀的父親也詢問一位苦行智者，智者說：「汝子實非凡人，若放棄王位，將證道成佛；若留住宮中，將統御世界。」佛陀的父親並未十分了解何謂成佛，因此一心希望奇特的兒子能成為世界的統治者。七天之後，佛陀的母親辭世，此後佛陀由三十二位侍女照顧。

　　佛陀在許多老師的教導下廣修各門學問，例如藝術、文字、科學。據知，其成就超越他的所有老師。佛陀成年後，國王和臣子們商談為王子娶妻，臣子不約而同地推薦王子應娶一位釋迦族女。但是佛陀說他要迎娶的對象很特別，必須沒有五種過失、具足八種功德。國王雖擔心找不到這樣的女子，仍然遣送一支查訪隊尋找符合條件的對象。最後，終於找到一位武藝高超的弓箭手之女符合王子所說的各種條件。國王表示要將弓箭手之女迎回宮中，沒想到弓箭手竟然拒絕，他說：「我的女兒只嫁給精通射藝的男子，你兒子是不諳射藝的宮中王子，故而此婚事不成。」

遭到拒絕的國王十分沮喪，整天悶悶不樂。佛陀見狀尋問父親原因何在，國王便一五一十道出經過，佛陀於是向父親保證，他將與所有人競賽武藝。國王眼見王子如此有信心，便十分驕傲地安排了一場大型競賽。佛陀如他所言，參加了每一場比賽，且各項武藝皆大獲全勝。到了最後一項比賽是射箭。所有優秀的射手都將箭靶放在標準的距離，只有那名弓箭手將箭靶放在更遠的地方。射擊時，每個人都射中了各自的目標。輪到佛陀射擊時，佛陀將箭靶又放在更遠的地方，而箭靶的後方是九株連成一排的檀香樹。佛陀將箭射出，頃刻間箭擊中了目標，而且穿越九株檀香樹，最後射入地下消失。從箭消失的地方湧出了泉水變成池塘。勝負無疑已見分曉。

　　佛陀以此善巧平息了異議者對於他可能缺乏男子氣概的指控，順利將弓箭手的女兒迎娶回宮，不久之後即生了一子。如此，佛陀住在皇宮，享受皇室和婚姻生活。

　　一日，諸佛以天樂唱誦，提醒佛陀應徹底捨棄俗世生活，佛陀體悟到這是自己宿世修行求證佛果的心願，因此他走出皇宮，親睹城外生、老、病、死的痛苦。最後，他看見一位僧人全然安詳的在打坐，便有所感觸地說：「這就是我的願望。」

他鄭重誓願要捨棄現在的生活，並尋求解除痛苦的答案。

　　國王擔心王子會離開皇宮，因此下令衛兵日夜看守王子。最後，王子來到父王面前，恭敬地請求父王准許他離開，但國王仍不肯同意。王子別無選擇，於是在當晚設法讓所有衛兵都沉沉睡去，在一名隨從的陪伴下騎上坐騎，由四大天王護送飛奔出宮。他在南達（Nam Da）佛塔前落髮、脫下俗衣、穿上僧衣，自己受戒出家。

　　佛陀一開始跟隨兩名大苦行僧修行六年。六年之後，儘管佛陀的禪修已達輪迴中的最高境界，但他領悟到自己仍然還在輪迴中。此時，諸佛菩薩鼓勵他應捨棄劣道而走向圓滿證悟之路，因此他捨棄六年的苦行，並向兩位苦行老師指出，他們並未解脫輪迴的束縛。

　　當佛陀捨棄苦行時，他的五名追隨者都非常失望，決定離開他到瓦拉那西（Varanasi，鹿野苑所在地）去。佛陀則依照指示前往菩提迦耶（Bodhgaya），途中遇到「楠達」和「楠達巴拉」二女供養他乳糜和蜂蜜，這乳糜汲自一千頭牛，佛陀飲下之後色身轉爲金黃。

　　到了菩提迦耶，帝釋天（Indra）化身爲賣草人吉祥，佛

陀接受他的供養，在菩提樹下用吉祥草鋪成座墊而坐，隨後發誓，直到正等正覺之前絕不起座。在黃昏時刻，他即進入所謂「摧毀群魔」的禪定中。

由於佛陀的定力擴及四處，魔王便化身為使者的形相前來告知：「迦毗羅衛城❷已被提婆達多（Devadatta）佔領，王宮遭人洗劫一空，所有釋迦族人都被殺害了，你還在這裡做什麼？」

佛陀回答：「我在這裡是為了證悟圓滿的佛果。」

魔王說：「佛的果位需要累積無量的資糧方能得證，你只是個享用皇室富裕生活的王子，怎麼可能具足資糧？」

佛陀回答：「你只是念誦一些祈願文和些許修持，就轉生為天界的大力魔王。而我，修行多劫，早已圓滿二種資糧，何以不能證得佛果？」

魔王說：「果真如此，你的成就必有人見證，此為何人？」

佛陀以妙手觸地說：「大地為證。」說完，大地之母從地

---

❷釋迦族的首都，王宮所在之處。

面現出金黃色的上半身，手中捧著一堆細砂，她告訴魔王：
「我可以數盡手中的每一粒細沙，但數不清這位聖人為利益
眾生而犧牲頭及手足的次數。他證得圓滿正覺的時刻顯然已
到。」說完便消失了。

　　魔王氣急敗壞的回去，又帶領大批魔軍前來攻擊佛陀。由
於佛陀已經完全了證，這些攻擊絲毫無法令他動搖。因為佛陀
的心中已無一絲瞋恨，且充滿著大悲，所有來到面前的武器瞬
間都變成花朵，一切恐怖的聲響則全變成了妙樂。魔王又化身
為七位美女試圖引誘他，但由於佛陀已經超越一切慾望，魔王
根本無法使他產生任何一絲慾望，反而是七個美女全部變成了
老巫婆向佛陀懺悔，佛陀全都原諒了她們。

　　到了午夜，佛陀進入了甚深禪定，在破曉時分證得無上正
等正覺，此時大地再度微微動搖，天空出現月蝕。此時正是陰
曆四月吠舍佉月（Vaosakha ❸）的滿月日。

　　佛陀證道之後立刻開始說法，卻無人能夠理解。這是由於

---

❸ 吠舍佉是梵語 Vaosakha 的音譯，意思是氐宿，二十八星宿之一，因此該月又稱為
　氐宿月，即藏人所稱的薩嘎達瓦，以及南傳佛教所稱的衛塞節所屬月份。

時機未到，故而沒有人聽得到這些教導，因此佛陀決定保持沉默七週。七週之後，大梵天王和帝釋天王特來祈請佛陀說法。大梵天王供養佛陀一個千幅黃金輪，帝釋天王供養一個右旋白海螺，此時佛陀觀轉法輪的因緣已然成熟，便開始宣講佛法，同時祂的法音遍傳至整個宇宙。

接著，佛陀朝瓦拉那西走去，由於祈願和善業具足的緣故，他知道過去的五位追隨者將成為他證道後的第一批弟子。這五位原來是宮中派來隨行並照顧他的人，三位來自父親的家族，兩位來自母親的家族。當佛陀捨棄苦行時，他們以為佛陀已放棄修行而失望離去。他們告訴自己，既然他已然喪志，就不再對他以禮相待。但是當佛陀趨近時，由於佛陀極大的加持力，他們不由自主地紛紛起座迎接，恭敬禮拜，並請佛陀說法。

佛陀第一次傳法是講說四聖諦，除了這五位弟子之外，另外有八萬天人前來聽法。當聆聽三次四聖諦之後，五位弟子全部證得阿羅漢果。這是初轉法輪。

佛陀二轉法輪則宣說空性義理，地點在王舍城的靈鷲山，當時除了五千阿羅漢、五百比丘尼，以及諸多在家居士之外，

尚有天眾、龍眾和乾闥婆眾等天人，殊勝的弟子則有許許多多大菩薩在座。

三轉法輪最主要講說續部，但仍包括許多經部教法在內，地點在南印度，以及天界、龍界等處，聽法者有大菩薩眾、僧眾、尼眾、天眾、龍眾和其他許許多多具福眾生。

佛陀證道時年值三十五，此後傳法四十五年。到了八十歲時，佛陀明瞭自己住世的時間已盡，便向阿難說：「若有眾生欲至心修行，我當住世千百劫。」他說了三次。但是由於阿難受到魔的影響，聽不到佛陀的話，因此未能請佛長久住世。佛陀眼見住世因緣已滅，此時，魔王的化身也出現請佛陀入滅，佛陀答應他三個月後辭世。

這段期間，佛陀盡其所能調服且利益一切具緣眾生，之後他前往拘尸那羅（Kushinagar），要他的弟子們細觀此如來的圓滿色身，有如優曇婆羅花④般稀有難得，並開示：一切因緣和合的現象（有為法）最終必將敗壞。為了警惕怠惰的弟子，他示現即使佛陀的圓滿身軀也將進入涅槃。他以獅子臥姿躺

---

④傳說優曇婆羅花僅在有佛住世時開花。

下，此刻三千大千世界盡皆震動。連續七日，天眾和人們前來供養佛陀，之後弟子們準備將佛陀的遺體火化，但法體卻自行燃燒❹，且於灰中出現無數的圓形舍利。這些舍利後來被分成八份，在印度八個地區裝入佛塔⑤。

佛陀時代的住世眾生福報非常大，通常只要聞佛說法即能解脫開悟。歷史上沒有任何人物能與佛陀相比，只有證悟者才能真正了解佛陀的殊勝之處。以金剛乘密續的觀點，佛陀出世之時已全然證悟，雖然一般人對這樣的看法難以理解，但這卻是最究竟的觀點。

無疑地，佛陀是地球上曾經出現的最偉大聖者，且無任何人接近祂的圓滿層次。我這麼說是為了強調佛陀出世的重大意義，讓具有信心的人，或能更重視佛陀出興於世而利益眾生的事實，而較不自滿於現世生活，並能精進修持使人生具有意義。

---

❹ 佛陀的大弟子大迦葉於佛陀涅槃時，人在遠處修行，等到他趕至拘尸那羅並趨向佛陀時，法體即自行燃燒。
⑤ 佛舍利至今仍留存於世。

第五章

三十五佛懺悔文

此懺悔文在藏傳佛教中廣爲人知，英語系國家的佛教徒一般稱之爲「三十五佛懺悔文」（Thirty-five Buddhas Confession Prayer）。三十五佛（彩圖1）往昔於菩薩位時，曾發誓要幫助眾生消除惡業，因此是特別的懺悔所依。這部經原名爲《三蘊經》（*Sutra of Three Heaps*），經文可分爲三部分，故稱爲「三蘊」，第一蘊是禮敬三十五佛，第二蘊是懺悔，第三蘊是迴向。四力懺悔和七支供養也包括在經文內。

三蘊

第一蘊：禮敬

　　禮敬的方法爲：一一觀想三十五佛的每一尊佛，然後以身體禮拜或內心觀想禮拜。雖然經文的開始爲「我及一切有情恆常皈依上師」，然後爲「皈依佛、皈依法、皈依僧」，但是在原來的經文中並沒有皈依上師的部分，這是西藏的大師們因爲續部教法的影響而增添的。由於上師是我們與諸佛直接聯繫的關鍵人物，因此修行續法的上師極爲重視此觀念。

　　我們一邊觀想和稱頌每一尊佛的名號，一邊虔誠地以身體

恭敬禮拜或從內心禮敬。雖然祈請的重點爲三十五佛，但應同時觀想三十五佛周圍有十方諸佛圍繞。

第二蘊：懺悔

禮敬三十五佛之後，接著是懺悔文。當你開始念誦懺悔文時，必須同時思惟、念誦，且內心坦承自己在輪迴中所造的惡業乃是自己的過失。這些經文能夠幫助我們完整無缺地表述自己曾犯的種種過失，讀著經文、認同內容，便能做到徹底的懺悔。若是沒有這些完整的經文，即使我們知道過去曾犯下許多錯誤，也想悔過，但卻不知如何彌補。此懺悔文清楚界定了此世、過去世及無始以來的一切自作、教他作、見作隨喜等惡業。你至誠懺悔所有主要罪業——從立時成熟的五無間罪到十不善業等，以及所有其他可能阻撓修行進展的行爲，如此一併清淨所有惡業。根據菩薩道的教授，凡是受了菩薩戒的人，每日應持誦三次三十五佛懺悔文。

我們所造的一切惡業，基本上是由三毒所造成。在一部經中，舍利弗（Shariputra）問佛，菩薩①是否會爲三毒所損

---

①此處所談菩薩，基本上是指受了菩薩戒的修行人，不一定是指登地菩薩。

害。佛陀回答，菩薩可能會犯兩種主要過失和一種次要過失。瞋恨和愚癡為主要，貪欲為次要。貪欲雖為次要，但較難克服；瞋恨為主要，卻較易克服；愚癡則是主要又難克服者。佛陀復加以說明，若因貪欲而有重大過犯，必須於十位菩薩面前懺悔，中等過犯應於五位菩薩面前懺悔，微小過犯則應於一或兩位菩薩面前懺悔。若因瞋恨或愚癡而有違犯，懺悔的對象就應加倍，也就是四位菩薩。佛陀又說，若同時因貪、瞋、癡三者而犯重大過失，例如惡業立時成熟的五無間罪，則需向十方諸佛和三十五佛懺悔還淨。

此外，若能至心讀誦懺悔文，同時觀想三十五佛和十方諸佛如實現前，並具足全然的信心、虔敬心、悔恨、謙卑，以及決心，為利益一切有情而想要克服一切，則任何惡業與遮障都能淨除。

第三蘊：迴向

第三蘊是迴向蘊。在發誓絕不再造惡業之後，祈請所有慈悲的諸佛眷顧你，這是迴向文的開始。迴向文的第一部分是迴向此生與無始以來所積聚的一切有依緣的善根，例如布施、持

戒、忍辱、隨喜等。接著是迴向與菩薩行相關的善行：欲令一切眾生解脫的願菩提心、修行六度波羅蜜的行菩提心，以及大乘道所有其他的菩薩修持。另外也迴向禪修的果實——無上智慧。

雖然「迴向」的修持乍聽之下頗為簡單，但其實是一門十分深奧的主題。即使你有著為利眾生而欲成佛的證悟願心，卻仍無法以自力作圓滿的迴向。因此，效法過去、現在、未來三世一切諸佛的迴向便極為重要。三十五佛懺悔文中有非常圓滿的迴向文，我們只需發自內心、心口合一的念誦即可 ②。

祈願文的最後一部分是偈頌形式，是由西藏的大師們植入，並非原本經文的一部分。這些偈頌是要再次重複懺悔，此外還加上簡短的七支供養文。

四力懺悔

依止力

為了真正清淨罪障，最重要的是以四種清淨力來懺悔，懺

---

② 有關於迴向的詳細討論，請參見第七章「七支供養文：迴向功德」。

悔文中已經具備這四力。首先是依止力。爲了淨除惡業，必須有他力的幫助，但此他力也必須究竟，只有完全證悟者才能給予究竟的幫助。諸佛是清淨力的來源，而我們要對諸佛具足完全的信心，皈依諸佛、發菩提心，如此則能生起正確的依止力。

追悔力

第二是追悔力，這是懺除惡業最根本而必要的力量，因爲若是沒有追悔力，則表示沒有誠意或未認眞思考要淨除惡業。有些人對於輪迴的全貌沒有充分了解，可能會覺得自己沒有任何惡業；有些人則是拒絕接受自身爲造業者的觀念。以佛教的認知而言，實際上眾生根本沒有惡業，還具備了圓滿的本質，但是由於迷惑和幻相而造罪，因此產生種種不悅和許多痛苦。我們對於這些惡業感到非常懊悔，且眞心想要加以淨化。偉大的蔣貢康楚仁波切在著作中寫道，對於惡業的追悔，應該有如誤服毒藥而深切懊悔，且想盡辦法要將毒藥排除那般，如是生起強烈的追悔力，這是追悔力的內涵。

對治力

　　第三是對治力。密續中有許多淨除罪障的不同修持方法，一般是修金剛薩埵和念誦百字明咒。另一個方法是尼古瑪的「阿」（Ah）字淨化法，此爲殊勝且強力的修法。在此，三十五佛懺悔文是一種對治法，整個紐涅更是非常有效的淨化修持法。

誓願力

　　第四是發誓絕不再造惡業的力量。若是沒有發誓，將來會再造惡業，因此誓願力是必要的。無法抑止再造惡業的最主要原因，是沒有認眞誠心地看待惡業。我們必須從自心深處立下強力的誓願，否則其他三力也會缺乏力量。我們必須發誓，即使犧牲性命也絕不再造惡業。若是能立下如此誓願，則任何惡業必然都能淨除。

　　若能正確運用這四力，如理如法讀誦「三十五佛懺悔文」，並虔誠修持紐涅，絕對能突破所有業力，如過去、現在、未來三世諸佛一般，獲得完全的解脫自在。

第六章

紐涅的戒律

居士八戒

「居士八戒」的主要受戒對象是在家居士。習俗上佛教各派的在家居士，都會在每個月的新月日和滿月日受持八戒，有些人在半月日時也會受持。受戒時間爲二十四小時，根據經文，應該從當天日出到隔天日出爲止。在某一部佛經中也有提到終生受持八戒，或以數月或數年爲一期來受持，如此自然可以了解八戒的意涵。八種戒律一起受持是在家居士可以持守的最高戒律，而沙彌戒和沙彌尼戒，乃至於比丘和比丘尼戒，都是從這八戒更進一步衍生出來的①。

儘管同樣是八戒，一般的八戒與大乘八關齋戒略有不同。大乘八關齋戒又稱爲「還淨戒」，是由修持大乘道的修行者受持，大乘的受戒內涵不僅是承諾遵守戒律，還同時立下證悟成佛的決心，也就是菩薩戒。這是「願菩提心」——爲利有情願成佛的心，此菩提心戒必須從具格的菩薩戒傳承上師領受。一旦受了菩薩戒，以後便可以自行受戒。雖然受持八戒的期間爲

---

①請參見本章稍後的「八支還淨戒」。

二十四小時，除非是自己違背誓言，否則所發的願菩提心將持續到你成佛為止。

違背願菩提心有兩種情形，第一是態度上違反菩薩精神，第二是捨棄眾生。前者是指為了某些原因，最後決定不再承擔利益眾生的事業，寧可自求解脫，意即有了劣乘的心態而違反了大乘誓言。所謂捨棄眾生，是指捨棄任何一個眾生，不論緣由的想：「即使有一天他需要我幫助，我也絕不幫助他。」如此便是捨棄菩薩戒。沒有人會捨棄所有的眾生，但我們總是相當輕易就捨棄某個特定的人。

大乘還淨戒

紐涅閉關中所受的戒律，除了一般八戒或大乘八關齋戒之外，還包含了二十四小時禁食和禁語。稱為「大乘還淨戒」的紐涅戒律具有多重利益，因此格外殊勝。一般的八戒是戒絕傷害有情，受戒時已經具有相當的利益。當你受持大乘還淨戒，除了不傷害他人之外，還要利益眾生，因此誓戒更為廣大。在紐涅修持時受持大乘還淨戒，除了誓言修持較高續部的生起與

圖1：三十五佛唐卡，由尼泊爾唐卡大師格嘎喇嘛（Gega Lama）的弟子所繪製。

圖2：千手千眼觀音菩薩唐卡，由尼泊爾唐卡大師格嘎喇嘛的弟子所繪製。

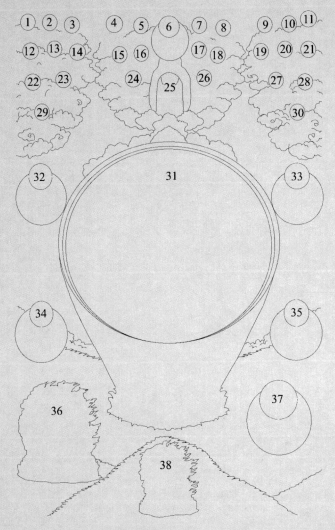

1. 蔣秋森給
2. 昆秋桑波
3. 謝拉本波
4. 祥東札吉
5. 新月（達瓦旬努）
6. 二臂觀音菩薩
7. 智賢（依喜桑波）
8. 堪千澤都瓦
9. 無著賢菩薩（多美桑波）
10. 喇嘛拿旺巴
11. 堪千涅普巴
12. 昆秋彥拉
13. 桑傑年巴

14. 索南達爾
15. 卻甲德瓦千巴
16. 班智達邊拿瓦
17. 月幢菩薩（達瓦嘉辰）
18. 堪千秋桑瓦
19. 蔣巴桑波
20. 米究多傑（第八世大寶法王不動金剛）
21. 旺秋多傑
22. 祖古竹舉
23. 秋吉旺秋
24. 大成就者尼普巴
25. 帕嫫比丘尼
26. 蘇巴多傑嘉波

27. 喇嘛那旺巴
28. 噶瑪涅頓
29. 丹增久美
30. 堪千札西偉瑟
31. 千手千眼觀音菩薩
32. 寶生佛
33. 大日如來（毗盧遮那佛）
34. 不動佛（阿閦佛）
35. 不空成就佛
36. 六臂瑪哈嘎拉（大黑天）
37. 紐涅護法瓦如納
38. 馬頭明王

圖3：千手千眼觀音菩薩傳承圖說（對照圖2）

圖4：五方佛唐卡，由尼泊爾唐卡大師格嘎喇嘛的弟子所繪製。

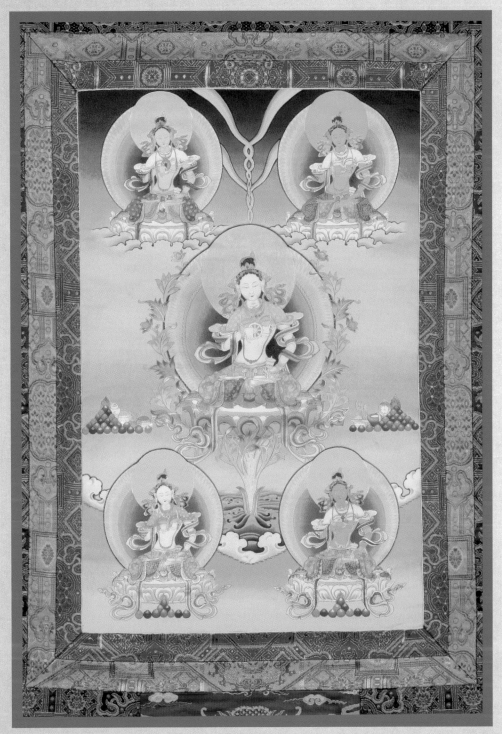

圖5：五方佛母唐卡，由尼泊爾唐卡大師格嘎喇嘛的弟子所繪製。

圖6：六字大明咒三化現（「四臂觀音」三尊或「六字觀音」三尊，Shadakshari Triad）和其他本尊畫像，美國巴爾地摩瓦爾特美術博物館館藏。

圖7：蓮花手（二臂觀音）菩薩：絲綢唐卡的一部分，製作者為美國加州的雷斯莉‧仁千旺嫫（Leslie Rinchen-Wongmo, www.silkthangka.com）。

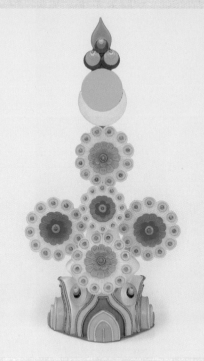

圖8：觀音食子　　　　　　　　　圖9：米壇城

圖10：千手千眼觀音菩薩沙壇城，美國德州奧斯汀學院珍奈特·妻瑞（Janet Lowry）所攝。

圓滿次第、持誦殊勝咒語之外，還爲了神聖的目的而發心禁食等，因此是所有戒律中最殊勝者。這也是爲何紐涅修持的八戒是如此不共而無上。最後應謹記在心，誓戒的所有偉大功德利益不只來自於受戒，更重要的是能夠如理如法持守戒律。

　　現在來談受持大乘還淨戒的實際過程。在受戒之前，必須在面前的虛空中觀想觀世音菩薩，思惟祂即是三寶與三根本的體現，周圍有一切諸佛菩薩環繞。在諸佛菩薩面前頂禮三拜，同時心中思惟並作七支供養。頂禮是將雙手在心間合掌，觀想手掌間有一珍寶，將雙手舉起來碰觸頭頂、喉嚨和心間，之後屈身以雙膝、雙手和前額觸地，稱爲五體或五輪投地②。

　　頂禮之後，右膝著地、左膝上彎，雙手合十，以表示最大的敬意和誠意。之後，隨著上師念誦祈請文：

ཕྱོགས་བཅུ་ན་བཞུགས་པའི་སངས་རྒྱས་དང་བྱང་ཆུབ་སེམས་དཔའ།

　　十方　　　　安住　　　　諸佛　　　　菩薩

---

②有關於頂禮的更多討論，請參見第十章「頂禮的功德利益」。

ཐམས་ཅད་བདག་ལ་དགོངས་སུ་གསོལ།

一切　　　於我　　　怙念

常住一切佛菩薩：祈怙念！

（請垂顧我）

　　在上師、觀世音菩薩和一切諸佛菩薩的見證之下，你跪下並承諾遵守八關齋戒，如此珍貴的誓言令所有證悟的聖者都因而歡喜。以善行而言，諸佛菩薩對你的正確所為非常歡喜，正有如父母面對改邪歸正的孩子，心中的喜悅溢於言表！

ཇི་ལྟར་སྔོན་གྱི་དེ་བཞིན་གཤེགས་པ་དགྲ་བཅོམ་པ

猶如　　過去　　如來　　阿羅漢

ཡང་དག་པར་རྫོགས་པའི་སངས་རྒྱས

究竟清淨　　圓滿　　佛

猶如過去之如來、阿羅漢、正等正覺

　　「如來」（Tathagatas）的梵文字面意思是「如此而去者」

（Ones Thus Gone），所謂「如」是「如是」，指現象的本質爲空性，即法性；「去」指達到圓滿清淨智慧之地。「阿羅漢」指勝利者和殺敵者，這裡的勝利者是以究竟的意義而言，並非指阿羅漢的見解。因爲一切惡業源自於五毒煩惱，所以稱阿羅漢爲戰勝煩惱的勝利者。敵人是指無明我執，而戰勝無明我執的方法爲了知無我的智慧。此了知的智慧有如金剛般堅固，能摧毀所有敵人，因此是究竟的勝利者。「圓滿清淨」指圓滿積聚福德和智慧，而福智的圓滿積聚乃是圓滿的成就，因此諸佛皆是具有上述一切功德的圓滿成就者。

རྟ་ཅང་ཤེས་ལྟ་བུ།

神駒　有如

如神駒

「神駒」源自一個有修行寓意的傳說。久遠以前，有個名叫「僧給」（獅子）的船長。當他帶領五百名水手在浪濤洶湧的大海中航行時，不愼迷失了方向，最後他們在一個小島上岸，島上全是食人魔，所有水手都和食人魔成親而衍生了許多

後代。一天，船長四處閒晃，到了一個四周有黑色鐵牆圍繞的地方，他見到一名三十三天天神化身的男子。男子告訴船長：「這裡的族類是食人魔，你們全部會被關入這鐵圍中吃掉。」船長問：「有辦法逃離這裡嗎？」男子說：「有的。到了春季中間月份的滿月日時，會有名叫智慧神駒的天馬從三十三天而降，牠的雙翅有如飛鳥，將飛到此島上吃草飲水，並在珍寶沙灘上奔馳。之後牠會宣告：「欲至中土者，應騎上我背，抓緊我身毛、鬃毛和尾巴。只要不回顧，以我之神力，可讓你重獲自由。」船長將此事告知所有水手。到了神駒應該抵達的那一天，所有人都聚集在湖邊等候。神駒果然如男子所說降落到島上，大家全都騎上了神駒的背上。這時候，食人魔叫喊著緊追在後，有些人因為貪執而回頭顧盼，以致未能脫逃，落得被吞食的命運，而堅持不回頭的人則在神駒的保護下重獲自由。

　　正如智慧神駒解救水手一般，一切勝者佛陀則是令眾生從輪迴的各種痛苦、希望與恐懼的混亂中解脫。

གླང་པོ་ཆེན་པོ

象　偉大的

偉大的大象

偉大的大象是比喻勝利者。三十三天有一頭至高無上的大象，名叫薩拉惹滇（Sala Rab Ten），牠有三十三顆象頭，龐大的身軀長達數哩。天神們用這一頭巨象擊敗阿修羅。當天神出征時，天界的國王大自在天騎在大象的主象頭上，大將騎在其他的三十二顆象頭上，另有眾多神祇則騎在象背上有如士兵。大象的象鼻是兵器。當天神與阿修羅征戰時，仗著這頭巨象的威力和天神的大福報，總是能成功戰勝阿修羅。

同樣的，一切勝者的諸佛也都能成功擊敗所有敵人，這些敵人就是四魔：煩惱魔、蘊魔、天子魔、死魔。煩惱稱為魔，是因為它們使人一直陷入我執、貪欲和拒斥之中。五蘊也是魔，因為只要我們經歷著五蘊，就仍然受困於業報身、受、想等輪迴中，阻礙我們其他的經歷。天子魔是貪欲的誘惑，使我們無法從世間解脫。死亡稱為魔，因為我們受死亡折磨，不斷在輪迴中。死亡是不可避免的，由於業力的關係，眾生會以不同的形體出生，然後死亡。

根據小乘的說法，佛陀一直到了拘尸那羅入大涅槃時，才戰勝了死魔這最後一魔，這和大乘或密乘對於佛陀以及佛陀如何戰勝四魔的看法有所不同。

|ཁྱབ་བྱས་ཤིང་།　　　　 |བྱེད་པ་བྱས་པ།

所作　　己作　　　 方作　　當作

所作已作，方作、當作，

這是敘述諸佛在過去於因地時如何修持戒律、禪定，以及圓滿智慧，如此證得佛的二身。二身是指爲自利而成就的法身，和爲利他而成就的色身。色身又包括報身和化身，此兩者皆有形色，差別只在於細微和粗重。所以，二身指自利和利他，包括了所有各類具有不同形體的化現。

|ཁུར་བོར་བ།

包袱　　放下

放下包袱

這裡的「包袱」指五蘊、煩惱等，所有這一切都已消除。

|རང་གི་དོན་རྗེས་སུ་ཐོབ་པ།

自己的　　隨後　　證得　　利益

即證自本性，

　　這是指在佛道的資糧道上，發心的菩薩完全承擔利他的事業。隨後在無學道時，證得佛的法身，有任運利益眾生的圓滿功德。

ཁྱིད་པ་ཀུན་ཏུ་སྒྲོར་བ་ཡོངས་སུ་ཟད་པ།

存有　一切　束縛　完全　解開

斷盡諸有結。

　　輪迴中的一切「存有」，是由一連串的因緣所成，其根源是貪欲、瞋恨、傲慢、愚癡、懷疑、邪見、執持無上見（supreme view，認為某個有神論較其他見地都更為無上）、嫉妒與吝嗇，這所有一切都已經克服。

ཡང་དག་པའི་བཀའ།

真正清淨的　語（指示）

具清淨語，

　　完全清淨之語是圓滿之語，能令一切有情解脫登至遍智佛果，是言詞語、加持語與授權語。

།ལེགས་པར་རྣམ་པར་གྲོལ་བའི་ཐུགས།

出眾　　全然解脫　　心

善解脫心，

佛陀的心有著圓滿解脫的功德，一切需捨離的皆已捨離，心中已無任何煩惱的雜染或遍智的阻障。

།ལེགས་པར་རྣམ་པར་གྲོལ་བའི་ཤེས་རབ་ཅན་དེ་རྣམས་ཀྱིས།

出眾　全然解脫　具有出世的　他們　智慧

善解脫慧

在完全捨離時即具有全然圓滿的智慧，了知人無我和法無我的空性自性。

།སེམས་ཅན་ཐམས་ཅད་ཀྱི་དོན་གྱི་ཕྱིར་དང་།

眾生　　一切　　理由　　目的和

彼等爲一切有情之利故，

　　「彼等」指過去諸佛爲了利益一切有情，全然捨離一切應捨棄者，全然成就一切需成就者。

　　|ཕན་པར་བྱ་བའི་ཕྱིར་དང་།

　　　　利益　　工作　　目的及

　　　　　　爲饒益故，

　　|གྲོལ་བར་བྱ་བའི་ཕྱིར་དང་།

　　　　解脫　　工作　　目的及

　　　　　　爲渡脫故，

　　指諸佛暫時利益有情免於輪迴的痛苦，以及究竟令有情解脫輪迴。

　　|ནད་མེད་པར་བྱ་བའི་ཕྱིར་དང་།

　　　　疾病　無　工作　　目的及

　　　　　　爲除憂病故，

　　指令眾生免於各種疾病。

།མུ་གེ་མེད་པར་བྱ་བའི་ཕྱིར་དང་།

饑荒　無　工作　目的及

爲免饑饉故，

這是消除特定痛苦的願望，在這裡是指因貧窮所造成的饑荒。

།བྱང་ཆུབ་ཀྱི་ཕྱོགས་ཀྱི་ཆོས་རྣམས་ཡོངས་སུ་རྫོགས་པར་

菩提（覺醒）　方向　法一切　全然圓滿

བྱ་བའི་ཕྱིར་དང་།

工作　　目的及

爲圓滿一切趨菩提之法故，

指菩薩從佛道的開始直到成佛，必須培養和圓滿一切功德，也就是三十七道品。

།བླ་ན་མེད་པ་ཡང་དག་པར་རྫོགས་པའི་བྱང་ཆུབ་

無上　全然　圓滿　菩提（正覺）

ཚོགས་པར་བྱ་བའི་ཕྱིར།

了證　　工作目的

爲證無上正等正覺故，

　　正等正覺是最究竟的願求，也是至高無上的境界。爲了達到此一境界，修行者願求追隨佛道，如初學者在資糧道般，亦願求受持大乘八關齋戒的還淨戒。

།གསོ་སྦྱོང་ཉེས་པར་བླངས་པ་དེ་བཞིན་དུ།

還淨戒　　決定受持　　相同地

།བདག་མིང་...འདི་ཞེས་བགྱི་བས་ཀྱང་།

我名　此　稱爲　　應當

།དུས་འདི་ནས་བཟུང་སྟེ།　　།ཇི་སྲིད་སང་ཉི་མ།

時間　自此時起　　　　直至　明晨日出

མ་ཤར་གྱི་བར་དུ་གསོ་སྦྱོང་ནས་པར་བླང་བར་བགྱིའོ།

未升起　之間　還淨戒　決定　受持

決定領受齋戒。如是，我名……當下受持，

乃至明晨旭日未升之際，決定受此齋戒。❶

此八支齋戒即是還淨戒，能還復大乘根本善行的戒律，以及清淨修行者所造的一切錯誤、過失、缺犯和踰越。

八支還淨戒

ཁྱེད་ནས་སྲོག་གཅོད་མི་བྱ་ཞིང་།

1. 今後不殺生，

---

❶ 為了幫助讀者以白話文了解法本意義，茲將英文對照的直接翻譯附上：〔住於十方的一切諸佛菩薩：請垂念我。如同過去的如來、阿羅漢、正等正覺的諸佛，祂們有如神駒，以及偉大的大象，已經成就應當完成之事，就在祂們放下負荷時，隨後便證得自己的利樂，並徹底斷除所有可能的存有束縛；祂們的言語全然清淨，祂們的心意全然解脫，具有全然解脫的出世智慧；如同祂們，為了一切眾生，為了利益眾生，為了解脫眾生，為其免除疾病，為其免除饑饉，為了圓滿一切趣向覺醒之法，為了證得無上正等正覺；相同地，我名為……，從此刻直到明晨日出，當來決定受此齋戒。〕

།གཞན་གྱི་ནོར་ཡང་བླང་མི་བྱ།

2. 不取他人財，

།འཁྲིག་པའི་ཆོས་ཀྱང་མི་སྤྱད་ཅིང་།

3. 不行非梵行，

།རྫུན་གྱི་ཚིག་ཀྱང་མི་སྨྲའོ།

4. 亦不說妄語，

།སྐྱོན་ནི་མང་པོ་ཉེར་བརྟེན་པའི།　　།ཆང་ནི་ཡོངས་སུ་སྤང་བར་བྱ།

5. 眾過所依附，酒應全斷除，

།ཁྲི་སྟན་ཆེ་མཐོ་མི་བྱ་ཞིང་།

6. 高廣大座、床，

།དེ་བཞིན་དུས་མ་ཡིན་པའི་ཟས།

7. 如是非時食，

ཁྱི་དང་ཕྲེང་བ་དང་ནི་རྒྱན། ༄གར་དང་གླུ་སོགས་སྤང་བར་བྱ།

8. 香水瓔珞飾，歌、舞等咸斷。❷

　　為明確界定每一項戒行，經文中提到，任何已作之惡行具有四種要素。當我們念到「今後不殺生」時，這裡的「殺生」即包含四種要素。首先且最重要的是其一，你了解到對方有情是有生命的；其次是出於貪、瞋、癡三毒煩惱的殺生意圖；第三是使用兵器、毒物、甚至咒術造作殺生的行為；最後是完成目的後感到心滿意足。當我們立誓不殺生時，這包括不殺害人道眾生和其他任何形體的有情，從巨大的動物到微小的昆蟲都包括在內。

　　當我們說「不取他人財」時，首先且最重要的違犯是，竊取他人的所有物，即屬於別人的財物；其次，偷竊的意圖是由三毒之一而起，這和殺生相同；第三是行動上實際取走他人的財物，不論是以強奪、狡詐或其他欺騙的方式；最後，得到財

---

❷〔從今起我不殺生，不拿走他人財物，不作任何淫行，不說謊，完全斷除各種成癮物質──因其迅速導致多種過失，不使用高而奢華的座位，不在錯誤的時間吃食，不使用香水或飾品且不唱歌不跳舞。〕

物之後感到滿足。當我們發誓不取他人財物時，不論價值或大小，從數百萬元到五分、十分錢都包括在內。

當我們說「不行非梵行」時，雖然經典中所提的性行為是以異性之間為主，但由於現在的世界非常複雜，人們以各種不同方式表達自己的神經質情緒（neurotic emotions），因此違犯這項戒行首先且最重要的是包括所有性行為的對象在內；其次是包括因生起慾念而有性行為的意圖；第三是將任何形式的意圖付諸行動；最後是獲得某種滿足。當我們承諾要避免性行為時，這包括了所有形式的性行為。

違犯「亦不說妄語」的戒律，首要的是，故意欺騙他人並蓄意造成傷害，不論其內容是自己看見、聽見或知道的事情；其次是為了任何動機而產生妄語的意圖；第三是造作妄語的行為，包括自己說以及教唆他人為自己說妄語；或不吐露實情、保留訊息，最後造成他人接受或相信了假象。因此當我們承諾不妄語時，從有關修行的大謊言到開玩笑的小謊言都包括在內。

當我們說「酒應全斷除」時，包括了所有成癮性物質，不論是液態、丸狀、煙霧、氣體等。因此當我們承諾完全戒除酒

類等成癮物時，這表示不飲用任何一滴酒或任何微量的成癮性物質。

當我們說不用「高廣大座、床」時，高座基本上是指由寶石和金屬做成的寶座，廣座是指以各種動物毛皮鋪設的座墊。但經典中提到，當承諾不使用高廣座椅時，同時也是指臥床不可高於半隻手臂（從手肘到指尖）。修持紐涅時，傳統上是席地而睡。

不取「如是非時食」，在紐涅時，是指第一天的一餐素食之外，其他時間皆禁食。

當我們說「香水瓔珞飾，歌、舞等咸斷」時，基本上是指在紐涅齋戒的兩天中，避免作任何裝飾、打扮和娛樂。

|ཇི་ལྟར་དགྲ་བཅོམ་ཐག་ཏུ་ནི།|

猶如　殺敵者　恆時　作

猶如阿羅漢，

|སྲོག་གཅོད་ལ་སོགས་མི་བྱེད་ལྟར།|

殺　等　不　相同

恆不作殺等；

།དེ་ལྟར་སྲོག་གཅོད་ལ་སོགས་སྤང་།

同樣地　殺　等　捨棄

如彼斷殺等，

།བླ་མེད་བྱང་ཆུབ་མྱུར་ཐོབ་ཤོག

無等　正覺　迅速　達成　願可

願速證菩提。

།སྡུག་བསྔལ་མང་དགུགས་འཇིག་རྟེན་འདི།

痛苦　許多　震撼　世界　此

苦擾此世間，

།སྲིད་པའི་མཚོ་ལས་སྒྲོལ་བར་ཤོག

存有　海　自此解脫　願可

願渡三有海。❸

---

❸〔殺賊者恆時避免殺生或其他惡行，我同樣也捨棄這些行為，願我迅速證得無等證
　悟。願我們脫離存有之海，其為受諸多苦痛而動搖的毀壞世間。〕

秉持利他的發心承諾要證得佛果，並發願要令一切眾生解脫輪迴，這是關鍵所在。我們必須很清楚地了解這一點而確實立下誓言。

　　基本上這八項戒律如殺生和偷盜等都很清楚。至於飲酒戒的內涵，除了喝酒是萬萬不可之外，我相信還包括各類的抽菸、吸毒等。至於高廣座床主要是針對過去拜佛陀為師的國王和大臣，當時他們都是坐在由貴重金屬和寶石打造的高大寶座之上，座上還鋪敷動物的皮毛，權貴人士也習於在高座上指揮他人。當我們受戒時，基本觀念是修持謙遜和節制，並放下我執，我們不應該將自己置於他人之上，濫用權力虐待他人。

　　以上的解釋，不應與上師坐在法座上教授珍貴的佛法產生混淆。經典中提到，上師在法座上傳法不僅是可以接受的，並且是極大的善行。實際上，若是具格的上師如此傳授佛法，是讓所有弟子對殊勝的佛法生起恭敬心，這也是諸佛菩薩利益他人的方式。

　　不用「如是非時食」③是指在齋戒第一天正午取用素食，

---

③有關於紐涅期間的飲食，請參閱第十三章「清淨的身行」。

時間為正午十二點到下午一點，且應於一座中（坐下後不起來）結束用餐。第一天直到晚上入睡前皆可飲水。第二天是禁食日，因此食物和飲料一律禁絕。

第八項戒行「香水瓔珞飾，歌、舞等咸斷」，乍聽之下或許像是兩種戒律，但其實是同一個。有些人會疑惑是否能在臉上擦面霜或乳液，我個人認為只要沒有添加香味的面霜或乳液應該都可以接受。禁歌、舞則很明確，但也包括聽音樂和看電視、電影這些活動 ④。我個人認為休閒閱讀也是不對的。古時候因為沒有這些活動，所以經典中不會提及，若我們要在現代生活中誠心守戒，顯然這些娛樂活動應加以避免。

八關齋戒可分為三類戒律：

1. 前四項根本戒屬於道德戒律。

2. 第五項有關於成癮物質的戒，屬於良知戒律。

3. 最後三項屬於瑜伽戒律。

這三類戒律中，我認為道德戒律是顯而易見的；良知戒律是指保持心智的清明與正念；瑜伽戒律則與苦行有關，源自有

---

④ 有關於紐涅期間的規定，請參閱第十三章「其他的規範」。

些人為了證得佛果而願意歷經嚴峻的苦難。

大乘還淨戒的廣大利益

- 若不殺生，來世將得長壽、無病、相貌莊嚴的果報。

- 若不偷盜，將擁有富裕與繁榮。

- 若持守梵行，來世將擁有妙好的身軀，且不會有性別的錯亂。

- 若不妄語，將得辯才無礙，話語具影響力，不為他人所欺。

- 若不飲酒，將成為有良知、心智清明之人，性情大方開朗。

- 不坐臥高廣大床，將得他人敬重與稱讚，且物資無虞。

- 不非時食，將身發妙香⑤且膚色美好。

- 不著香水瓔珞、不作歌舞伎樂，將得寧靜穩定的特質，

---

⑤歷史上有許多持戒嚴謹的出家眾，身上會散發「戒香」，從遠處就可聞到此令人悅意之香。例如西藏一致公認為最偉大的大師岡波巴即具有戒香，傳說在他居住的整個山區都聞得到此妙香。在紐涅的修持中，想當然爾，持守這些戒律將成為身出妙香的因，未來世還具有其他許多功德。

且唱念和誦經時聲音悅耳。

　　這是各項戒律的個別功德利益，至於整體的利益則是來生將可獲得珍貴人身，並具八種閒暇⑥，關閉惡趣之門，修行從不間斷，究竟可證得佛果。

---

⑥八種閒暇指遠離不能修習佛法，因此無法擁有珍貴人身的八種不利狀況：生於地獄道、生於餓鬼道、生於畜生道、生於長壽天、生於違背佛法的野蠻之地、執持邪見和懷疑、生於沒有佛法的國家、五根不具足。有關八種閒暇的詳細內容，請參閱岡波巴大師著作《解脫莊嚴寶論》中有關於人身難得一章。

第七章

七支供養文

　　一般而言，供養文是修行中非常重要的部分。只要是無法經驗全然清淨、圓滿智慧心的顛倒眾生，都需要累積福德。從實相如何運作的角度來看，我們知道一切現象是依因緣而生，眾生對現象的經驗分為苦樂、好壞、證悟和未證悟。大多數的眾生顯然善業和清淨業不足，因此需要累積福德。由於我們是不圓滿的眾生，在證得圓滿佛果前有許多必須完成的工作，換言之，必須累積和集聚修行的福報，才能將凡俗的經驗轉變成清淨的證悟經驗。

　　修行的資糧善德可分為福德和智慧兩種。福德是經由無數善行所積聚，智慧是透過禪修所獲得。前者是證得佛色身的因，後者是證得佛法身與空性身的因。

　　「七支供養文」是累積福德最善巧的方法之一。雖然累積福德的方法有很多，但修持七支供養文包含了所有的方法。正因為如此，你會發現許多修持中都有七支供養文，事實上，不論大、小乘或金剛乘，個個宗派皆使用此文來累積福德。

第一支：頂禮

　　七支供養文的第一支頂禮①是對治傲慢和自我。佛陀所有的教授都是為了對治我們凡夫的過失，這些過失是造成輪迴一切痛苦之因，故而針對各種過失運用相應的對治法便很重要。傲慢和自我是一種與偏見有關的錯誤心態，這種心態會造作更多的惡業，造成此生和來世更多的痛苦。現代社會因為講求個人權利和自由，傲慢和自我被認為是一種人格特質或優點。人們誤以為傲慢和自我是自信和自尊的表現，這些花俏的形容詞實際上對我們的性格有害。以修行來說，只要存有這些不正確的態度，便無法開展修行的清淨功德。這裡所說是真正的修行功德，唯有去除這種具煩惱的自我心態才能開展。

　　究竟而言，我們自己的清淨心就是佛性，我們頂禮的對象是十方諸佛菩薩。由於我們尚未能將自心開顯為諸佛的智慧心，因此必須頂禮諸佛。公認的大成就者、極偉大的竹巴昆列

---

① 有關於頂禮的詳細解釋，請參閱第十章。念誦「波」（Po）禮讚文時，主要內涵之一是以頂禮來讚頌觀世音菩薩。這些解釋或許有些累贅，但因極為重要，所以值得重複討論。

（Drukpa Kunleg）曾有一則妙蹟可用以說明。眾所周知，竹巴昆列是一位行徑瘋狂的大成就者，作風獨特，會用各種古怪的方式教導眾生和指示信徒。其中一件發生在他到拉薩朝拜大昭寺著名的覺沃佛像❶時。他站在佛像前，先是用很怪異的眼神看著佛像，然後便即興口念祈請文，同時對佛像行大禮拜。祈請文的內容是：

> 您十分精進於修行，
>
> 於是您成為圓滿佛陀。
>
> 我則因懶散而仍在輪迴流轉。
>
> 現在我向您頂禮。

頂禮可以分為身、語、意三部分，身體做禮拜的動作，口中念誦祈請文，心則生起全然的信心與虔敬心，觀想自身化為無數身形同時在作頂禮。頂禮時，務必同時觀想一切眾生和我

---

❶ 即釋迦牟尼佛十二歲等身像，由文成公主帶入西藏；另有一尊八歲等身像，由尼泊爾赤尊公主帶入西藏，供奉在小昭寺。大昭寺的覺沃佛有諸多神奇事蹟流傳下來。

們一起頂禮諸佛。心不散亂、身口意同時專注地頂禮,這一點非常重要。

　　正確的頂禮方式是先將身體站直,雙手在心間合掌。雙手輕輕相合,既不完全壓平,也不完全打開,形狀有點像是含苞待放的蓮花。之後,將雙手舉起來碰觸頭頂、喉嚨、心間,然後彎下身來,以雙手、雙膝、前額這五個部位碰觸地面。雙手碰觸頭頂,是為了清淨身方面的遮障,同時產生領受諸佛身加持的緣起。雙手碰觸喉嚨,是為了清淨語方面的遮障,同時產生領受諸佛語加持的緣起。雙手碰觸心間,是為了清淨意方面的遮障,同時產生領受諸佛意加持的緣起。身體的五個部位碰觸地面,是為了清淨五毒遮障,並產生領受諸佛身、語、意、功德與事業的加持。

頂禮的功德利益

　　佛陀時代有一位僧侶,曾在裝有佛陀頭髮和指甲的佛塔前虔誠禮拜,阿難便問佛陀有關頂禮的功德。佛陀說,關於頂禮的諸多利益中有一項,那就是當人虔誠作一頂禮時,他身軀所覆蓋的地面——從地表到地底的微塵有多少,他就會有多少世

以上成為轉輪聖王。莊嚴化身佛所具三十二相之一的頂髻，據說也是來自恭敬頂禮的果報。另一項功德是，當我們向他人表示恭敬時，自然也能得到他人恭敬。

在究竟的層次上，我們是將自心本性作為根本上師——佛性——而向其頂禮，我們所恭敬的對象是自己的佛性。

第二支：供養

第二支是供養，對治慳吝。在自然法則下能施就是得，不論在輪迴的世間或是證悟的出世間，供養都絕對有其重要性。

一般的續部供養，包括外供、內供、密供和究竟的供養。在紐涅修持中，我們會做實設的外物供養，以及觀想的意變供養。

供養時，重要的是不要偽裝或炫耀而有所保留，或是假裝慷慨。不論供養任何物質，都必須具足虔誠心和清淨心。觀想的供養也須以此為基礎。我們觀想整個虛空，充滿各種令人、天悅意的美妙物質，例如花朵、燃香、燈炬、香水、食物、音樂等。獻曼達時，供品則包括須彌山、四大洲、轉輪聖王七寶、八吉祥、八殊勝物等。

除此之外，我們觀想如普賢菩薩供養雲一般的無量供品。普賢供養雲是無可比擬、超越一切的供養，是我們可依循的最好典範。普賢菩薩觀想祂的心間放光遍照整個虛空，每一道光端皆有普賢菩薩的另一個化身，每一位化身普賢菩薩的心間又放光照遍虛空，且復有另一個化身。如此反覆多次，整個宇宙便充滿無數無量的普賢菩薩，各個都向一切諸佛做供養。如此觀想，可累積無盡的福德。

　　我們可以觀想宇宙間諸多不屬於任何人所有的物品全數供養給諸佛，這是累積福德相當適切且善巧的方法。如此的觀想和進行實物的供養沒有差別，因此，財富不豐的人不需要覺得無法累積福德。只要願意正確觀想並誠心念誦供養文，則供養是沒有極限的。

　　當我們得到新的物品時，不論是衣服、食物或其他東西，佛教徒都會先將這些東西供養給自己的上師和三寶：「我將此供養給我的上師和三寶。」如此，我們可以不斷累積福德。當我小的時候，每看見美麗的山河大地、花草流水或是市鎮夜景，我完全證悟的上師就會對我說：「你可以將這些當成供品來供養。」

　　在此，我想強調另一個重點，我曾聽到一些人說：「有些上師並不貧窮，有些寺廟也相當富裕，為什麼要供養他們？布施給窮人和有需要的人不是更好？」或者有人說：「要建寺不如蓋學校。」這些人並不完全了解供養的作用。當然，布施窮人和建造學校都是慈善事業，若能用心去做，必然可累積許多福德。但我也曾看過有些人的動機令人質疑，他們在布施時對窮人顯露高高在上的態度，布施只是滿足他們的自我。相對來說，供養三寶、三根本是以一顆謙卑的心，並且感恩有這樣的機會去做供養。

　　最重要的是，供養三寶、三根本和布施窮人所累積的福德有很大的差別，原因在於這兩種對象，一個是完全清淨且崇高，另一個只是一般凡夫。對於修道因緣所作的供養，就是對真正無上、證悟目標的供養；而捐款給一般學校等，則相對上發心微小。我並非要貶低一般慈善事業的利益，但若是我們贊助一千位學童的教育，不論再怎麼好，也只能利益他們這一輩子。這是發心微小的意思。即使只為一位眾生種下修行種子，這也是一種布施，而這樣的禮物卻能成為無上的目標，亦即能夠在無數的來世利益這位有情。供養紐涅的修行者、閉關中

心、建造佛塔等，都是廣大發心的例子。

　　話雖這麼說，但身為佛教徒，當他人對我們有所求時，我們不應讓對方空手而回。在現代的社會中，我認為佛教事業也應該包括建造學校和醫院。

　　我們人和人之間經常會彼此贈送禮物，因為我們預期對方也會同樣地慷慨回報，既實質又立即；相對來說，對修持因緣所作的供養，通常無法具體感受，且得到回報的時間也不確定，或許只能期待來世得到回報。實際上，若是能在一世中累積足夠的福報，也能立即看見成果的顯現，其中有個故事是關於佛陀在世時的一對夫妻。

　　曾經有一對老夫妻一貧如洗、家徒四壁，他倆只有一件外衣，因此只能給需要出門的那個人穿上。他們一輩子都這麼窮困潦倒。某日，一位大阿羅漢知道了他們的情況就前來探望。阿羅漢了解老夫妻亟需累積福報，而最好的辦法就是向佛陀作供養。阿羅漢鼓勵他們供養佛，但老夫妻除了那一件衣服之外什麼也沒有，阿羅漢請他們將衣服供養佛。老夫妻非常虔誠地答應了，他們就將那唯一的一件衣服交給了阿羅漢。當時佛陀正在對大眾說法，座下有許多國王、皇后。阿羅漢親自將那件

又臭又髒的衣服送到法會中，有些人見到這樣的東西要供養給佛陀都嚇壞了，但是佛陀說：「不、不，這是老人家的供養，我一定要收下，讓他們累積福德。」座中的國王和皇后知道整個情形之後，都想要幫助這對老夫妻，因此，老夫妻一夜之間得到許多財富和美麗的衣服。這是供養能植福田的最好例子。

　　究竟而言，最好的供養是遠離六根執著的供養。密勒日巴大師曾說：「當人不再執著自我，便無所謂其他的供養或布施修持。」換言之，究竟的供養是作圓滿了知的供養。

第三支：懺悔

　　懺悔可對治無明，因為一切惡業、煩惱和罪行，基本上都是由無明造成。由於不了解因果，眾生造作惡行產生惡果，惡果又造成更多的迷惑和痛苦。由於無明，我們不知道如何克服這些惡行和惡果，而惡業和罪行又造成阻障，使我們無法領受加持和證得成就。因此，懺悔是一項非常重要的修持。

　　念誦懺悔文時，我們懺悔自無始以來的一切邪思惡行，不論是記得或是已不復追憶。我們在觀世音菩薩和諸佛菩薩面

前，懺悔身口意的一切惡業，例如：十不善業、五無間罪、違犯別解脫戒、違犯菩薩戒、違犯密乘戒、傷害三寶、捨棄佛法、不敬僧眾、不敬上師、不敬父母等。所有這些踰越都可能使我們無法解脫輪迴而證得佛果，因此我們念誦時雙手合十，內心至誠懇切地懺悔。懺悔時應觀想觀世音菩薩和諸佛菩薩放光照耀著你，所有的惡業皆因此清淨。

很多人自認為人良善，不曾犯下任何過失，所以無從懺悔。但實際上，只有當你是完全圓滿清淨的聖人才不需要懺悔，只要還在這世間，就表示你仍然有業、受限等不圓滿之處，否則也不會再來這世間受報。事實上，我們自無始以來就一直在輪迴中流轉和經歷，因此過去世早已造作無數惡行，這才是最主要的問題所在。若你是個正派的人，或許今世你尚未造作任何極惡的行為，但是以修行而言，來自過去世的不淨業即是你修行成就的主要阻礙。

在此要釐清的是，即使此生我們未鑄成任何大錯，卻無時無刻不斷地犯著各種過失，從飲食 ②到言語都十分不圓滿，心

---

② 請參見第十三章「清淨的身行」。

念之中也充滿不善的想法。因此，千萬不可過於自恃或過於天真，認為自己完全沒有過失。

究竟的懺悔是了解一切現象的本性皆空，在那境界中，我們超越了一切懺悔、惡行、無明等等。對於空性的了解必須真實體證，若僅是概念上的了解，便不足以帶來真正的清淨。

第四支：隨喜

第四支隨喜是對治嫉妒。佛陀說，若我們隨喜他人的善行而不嫉妒，我們也同時得到了相同的功德利益。

正確的隨喜是隨喜「有漏」的善行以及「無漏」的善行。「有漏」的善行是指眾生在輪迴中所作的有限善業，例如可令我們轉生善趣與在此生和來世獲得安樂的十善業。「無漏」的善行是指諸佛菩薩無邊無際的至高行為。換言之，我們隨喜一切眾生的凡夫善行、聲聞獨覺的超凡善行，乃至於菩薩眾的深廣善行。隨喜的對象應包括遍及虛空一切諸佛菩薩和凡夫有情的所有善行。

由於隨喜他人甚難，因此隨喜有很大的功德。我們從一般

人聽到他人的福氣時所產生的反應，就可以知道隨喜的難度。當我們說到別人在資財上的成就、良好的相貌、美名和財富，或任何他人具有的良好特質時，多數人的反應不是為對方感到高興，反而是先想到：「他們憑什麼得到這些好處？」這純粹是出於嫉妒。對修行而言，這種錯誤的心態對我們自己有害。

佛經中有一則很好的例子可說明隨喜的作用。佛陀時代的憍薩羅王（King Kosala）是虔誠的施主，他供養佛陀及其所有弟子每日的飯食。王宮外有一老乞婦，對國王如此善行生起很大的歡喜心，隨喜國王過去世的福德和今世供養佛而繼續累積福報。佛陀以其遍智力，了知老乞婦的清淨隨喜心，他問國王：「迴向功德時，我應該以你的名字迴向，或是以善業比你大的人之名作迴向？」國王禮貌地回答：「請以比我更有善業的人之名作迴向。」因此，佛陀當天便以老乞婦之名迴向功德。如此連續三日，國王心中略有不悅。臣子們為此聚集商量，其中一名臣子想出了一個對策。他告訴那位布施王宮殘食給乞丐的人，在分發食物時將那老乞婦痛毆一頓。果然，那一天老乞婦心中充滿憤怒，隨喜之心蕩然無存。遍知的佛當然了知這一切，當天便以國王的名字迴向功德。

你也許會質疑一人所做的善行，與隨喜他人的念頭相較，前者是實際作爲、後者則只是念頭，爲何兩者所產生的功德會相同？此乃因爲在一切法（現象）中，心法是最主要的。因此，與念頭相關的善業力量最大；相對來說，與身、語相關的善業力量較小。因此，清淨心是最重要的，隨喜他人功德的心即是清淨心的表現。

我記得在這個老乞婦的故事中，佛陀授記了他的菩薩弟子眾和虔誠的國王、施主們未來將成就佛果，而憍薩羅王預期他的名字也會在未來佛的名單中。但佛陀卻過了很長一段時間才提到國王的名字，就是因爲國王派人毆打老乞婦的關係。

究竟的隨喜是了知諸佛菩薩的慈悲心流從不間斷，此永不止息的慈悲心流是一切世間和出世間善業的泉源。

第五支：請轉法輪

請轉法輪可對治捨棄佛法。眾生由於無明，可能會輕易捨棄佛法而種下特別的惡因，導致無法值遇眞正的上師和眞正的佛法。

今日，有許多人不顧一切在尋覓眞實清淨的法教和道路，甚至遇上邪師而步入邪道。有些人雖值遇佛法，卻不見得能找到合適的上師和教法。這些因素都可能使他們心灰意冷而背棄求法，如此不但造成和過去世一樣的業，也種下和過去世一樣迷失的因。這麼一來，他們在來世還要陷入此惡性循環中。若是能以正確的方式請轉法輪，就可以幫助他們克服障礙。

眞實的上師和眞實的法教是絕對必要的，否則我們無從學習任何東西。世間的任何一丁點知識都是由老師所傳授，以學佛來說，佛法的知識也是由上師所傳授，因此必須要祈請諸佛菩薩轉動三乘法輪，以解除痛苦和迷惑、幻相，並體證諸佛的智慧心。

請轉法輪也是祈請十地大菩薩迅速證得圓滿佛果，如同釋迦牟尼佛坐在菩提樹下、降服群魔一樣，此後爲利益一切有情轉動法輪。

第三個重要原因是，雖然諸佛菩薩皆曾許下利益眾生的誓言，然而當他們眞正降生於世間時，由於眾生造作無數惡業以致聖者失望等緣起，許多聖者可能選擇禪定寂靜而非宣講佛法，這便是有情眾生的共業。因此，以懇切之心請他們轉動法

輪可以產生有利的因緣，以新的善業促使上師善知識轉動法輪，令邪言邪行的眾生都能獲得佛法的利益。

正確的祈請方法是觀想自己化身無數無量遍及宇宙，在一切諸佛菩薩面前以謙卑之心祈請祂們轉動法輪。

究竟的請轉法輪，即是了知一切遍智是本初以來即具有的根本內在功德，由此而生出一切過去的智慧教法。

第六支：不入涅槃

懇請諸佛菩薩不入涅槃是對治邪見。以正法的角度而言，常見（存在主義）或斷見（虛無主義）皆是邪見，宗教或是哲學上有許多錯誤的見解，都不出常見或斷見的範圍。

眾生持有邪見的主要原因是過去世未能對證悟生起信心和虔敬心，當我們勸請諸佛菩薩不入涅槃時，每個人最終都有開展正知見的機會。勸請聖者遣除邪見，是為了利益自己，也利益他人。雖然我們已經步上成佛的道路，但仍然留有邪見的餘業。若有證悟的上師與我們為伴，上師的加持會慢慢轉化我們，使正見逐漸成熟，最後終將圓滿。

我們知道在宇宙中有許多佛菩薩降生世間以利益眾生，為此，我們勸請祂們留住世間不入涅槃，直至輪迴空盡為止。

　　在藏密傳承中，我們會為偉大的金剛上師舉辦精心設計的長壽法會，勸請上師不入涅槃。圓滿的儀式至少會修七天的長壽法，並在最後一天進行盛大的獻曼達，並修七支供養、浴水文、禮讚文、特別為上師寫的長壽祈請文，並作諸多供養。除此之外還會舉辦一項特別儀式，由五位處女穿著五色彩衣，象徵五方清淨空行母——佛部空行母、金剛部空行母、寶部空行母、蓮花部空行母、事業部空行母，前來迎接上師返回空行淨土。之後，為了勸退空行母不要接走上師，便以五種食子供養空行母們，空行母們歡喜接受供養後滿意離去。在寺院中，通常是由年輕的僧人扮演空行母來進行舞蹈和儀式，他們會先背誦迎請文，並向上師念誦。

　　勸請聖者不入涅槃，在現前和究竟上皆有廣大利益。就現前而言，由於緣起之故，我們得以去除自身的障礙，享有長壽和無病，且由於造作善業，我們便能夠領受法教且常與上師相隨。究竟的利益是能夠使自己心與諸佛的智慧心融合為一。

　　究竟而言，不入涅槃即是勸請一切諸佛安住無上不變法

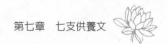

身，亦即世間一切化身佛和菩薩的來處。

第七支：迴向

　　功德迴向可對治懷疑，當心中毫無猶豫地迴向時，可清淨懷疑的遮障。換言之，心中懷疑的習氣將可消除。

　　迴向是修行中非常重要的一個法門。若無正確的迴向，任何善業在其果報成熟且享用之後就終了。若是有正確的迴向，則可生生世世受用其果報，且所作善行在證得佛果前將不會耗竭。若不迴向善業，其功德可能因後來強大的瞋恨惡行而毀壞。若是既不迴向功德、又誇耀自己的善行，則功德可能蕩然無存。因供養所產生的功德會因事後貪婪所致的懊悔而滅失，但若能迴向功德，則不論是憤怒、誇耀、貪心等力量都不能將之摧毀。經典中說，未經迴向的善行永遠不會增長，而經過迴向的善行其功德每一天都會加倍，如此一來，微小的功德也能變爲眞正廣大的功德。

　　了解迴向的正確方法非常重要。正確的迴向必須心無主體（作者）、客體（受者）、行爲（所作）。受到概念約束的迴

向不是眞實的迴向，因此被認爲是有毒的迴向。有毒的迴向其
果報受限於輪迴之中，不能成爲眞正爲證悟所作的迴向。一般
人很難有能力作這樣的迴向。不過，這裡有個技巧，就是在迴
向時，要祈請一切諸佛菩薩來見證你，並發願作三輪體空的清
淨迴向，之後念誦：「如同過去、現在、未來三世諸佛迴向功
德，我亦跟隨祂們將功德迴向給一切有情。」另一個正確的方
法，是發願遵循文殊菩薩和普賢菩薩的腳步，接著念誦「普賢
行願文」。阿底峽尊者曾說，一般根器的修行者若能了知迴向
者、受迴向者、迴向這三者皆是幻相，則其迴向便可與這些大
菩薩的迴向相媲美。

　　另一個要了解的重點是，當你爲特定的人做迴向時，不論
對方是生者或亡者，除非你用正確的方式做迴向，否則對方便
無法得到利益。此外，在迴向時，你雖可迴向給特定的人，仍
必須將一切眾生包括在迴向中，這樣的迴向才算是完全正確。

　　究竟的迴向是將功德迴向一切眾生證得無上法性界，如
此，有情皆可證得佛的三身果位。

累積福慧二資糧

　　為了證得佛果，我們必須圓滿福德和智慧兩種資糧。一切諸佛都是經由累積圓滿善根而得證佛果，因此，念誦「七支供養文」累積善根是修行中十分重要的一環。大乘的傳統是依著「五道」證得佛果，五道的第一道是「資糧道」，也就是修行的第一階段重點為累積福德。我們修行進展與否端視福德的累積，如此我們先從較低階的資糧道開始，也就是初學者的階段。接著，有了基礎之後才進入中階的資糧道，最後到最上階的資糧道。修行者不論修行高下，皆須不斷累積福德；雖然超越資糧道之後，修行的重點不再是累積資糧，但當我們還在資糧道的階段，就要以累積資糧為主要修持。

　　修行者雖然有初學和老參的分別，但基本上大部分人都是在資糧道的初學階段。因此，各位應謹記，持誦七支供養文和修持其他法門以累積福德極為重要。

　　密勒日巴大師有一段對弟子岡波巴開示的名言，正可說明福德的作用：

　　若無福德，即無悉地，

　　正如沙粒，不能榨油。

　　若從芝麻，則可榨之。

　　此外有一些西藏名言，也說明了累積福德的重要：

　　攪水多時，不得奶油，

　　若攪牛乳，則可生之。

　　辛勤工作，以聚財富，

　　不如積福，微少亦可。

　　另外在許多書中都看得到下列這段名言，無疑是由一位大成就者所說：

　　究竟本具智慧心，

　　唯由積福與淨障，

　　善師加持方能現，

　　依循他法皆愚癡。

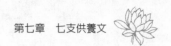

直貢噶舉的始祖怙主吉天頌恭說：

> 二種資糧如意寶，
>
> 不加祈請與發願，
>
> 所求之果將不生，
>
> 故須全心行迴向。

第八章

觀　想

　　本尊的觀想分為生起次第和圓滿次第兩個階段。生起次第是續部的甚深方便法門，自己於剎那間轉化為全然圓滿、聖性、清淨的本尊。運用此深奧而有力的技巧，可將一切不淨轉化為清淨，將迷妄的凡夫色身轉化為清淨的智慧身。這個技巧能夠將一切的不圓滿轉化為圓滿，透過觀想力，能夠將凡俗的經驗轉化為清淨的經驗。

　　千手千眼觀世音菩薩是報身佛的顯現，是一種心氣合一的清淨、微細顯現，並不是我們假想出來的形相。觀世音菩薩代表清淨的證悟力量，由於一切眾生的自性皆是佛性，因此祂的身形也本來就存在於每一個眾生清淨的心性之中，並可對所有眾生顯現。

　　生起次第之後的圓滿次第有相同的重要性，這是指將生起的本尊消融收攝入空性之中。既然本尊是從空性中生起，因此必須消融回空性。我們的修持當中必須融合生起與圓滿次第，以便除去常見（認為事物永恆實存的有神論）、對常見的執著，以及斷見（認為什麼都不存在的無神論）。

　　由於現象的自性為空性，所以才可能生起本尊的身形。實際上，由於一切現象的根本自性為空性，因此無論是清淨或不

淨的現象都可能發生，而為了轉化不淨的現象，便需仰賴善巧方便將之轉化為清淨，由於其空性的自性，此本自清淨的現象便可能發生。為了進一步使修持圓滿，最後都必須將本尊收攝入空性而回返空性，因為我們無法執持清淨或不淨的身形。一切現象的真實自性既非存在亦非不存在，完全離於一切意念的造作與戲論，由此可見本尊的生起與圓滿次第有多麼深奧，這是圓滿的修持方法。

累積資糧

在紐涅的修持中，修完傳承上師祈請文和皈依文之後，接著是資糧田的階段。於剎那間自觀為觀世音菩薩，可觀想為二臂、四臂或千臂觀音。觀想的目的純粹是為了使自己的心足夠清淨，以便與觀音更相應。這個階段尚非真正的自生本尊階段。

接下來，觀想你的心中有種子字「舍ᵢ以」（ཧྲཱིཿ），由字放光，自淨土迎請本尊。上師觀世音菩薩降臨，周圍有諸佛、菩薩、勇父、空行、護法眾為伴。觀想觀世音菩薩就在你的面

前，站立在千瓣蓮花和月輪之上，周匝有諸佛菩薩圍繞。之後修七支供養文，獻上頂禮、廣修供養、懺悔業障、隨喜功德、請轉法輪、請佛住世、普皆迴向。隨後修「四無量心」，最後觀想資糧田返回其本然來處。

本尊瑜伽的三要點：明晰、清淨、穩定

觀世音菩薩的形相代表全然圓滿，因此爲了正確觀想與修持，就必須具備本尊觀修的三要點：明晰、清淨、穩定。首先是「尊身明晰」，這是指修持本尊時的觀想應盡量明晰，修行者必須確實觀想本尊身各部分的形相，包括所有細部的觀想，這稱爲「尊身明晰」，能夠觀想自己是全然清淨本尊的顯現。此外，修行者須牢記本尊身的圓滿，意指憶念本尊身各部分及其所代表的清淨意涵，這稱爲「憶念清淨」。最後，修行者須具備適切的穩定性，或稱金剛慢，這是指須思惟：「我就是眞正的本尊。」金剛慢不是指自大的心態，認爲自己較他人更了不起，那是世俗的傲慢。金剛慢是指體認自己本然且本來即具有圓滿本尊的一切圓滿功德，這稱爲「金剛慢穩定」。

三薩埵

　　本尊有三種層次：三昧耶薩埵（誓言尊）、智慧薩埵（智慧尊）、三摩地薩埵（禪定尊）。三昧耶薩埵是指自生之本尊，「三昧耶」是指「誓言」，修行者觀自身為本然聖性之身，並誓言要如此而為。此外，三昧耶也是指不因不清晰的觀想，或因自我、我執等凡俗執著而動搖自己是本尊的這個誓言，而這必須有強大的勇氣和力量才能做到。「薩埵」是指「勇氣」。因此，三昧耶薩埵是指修行者立下誓言並具足勇氣。「勇氣」是指修行者的心清晰認同本尊而毫不動搖，且不怕受我執等等所影響。

　　智慧薩埵是修行者從淨土迎請而來的智慧尊。此本然清淨的「智慧」是一切諸佛與觀世音菩薩本具的自性，也是我們自心清淨的自性，顯現為智慧尊以利益眾生。這也是「薩埵」——勇氣，因其不畏懼任何極端的見解，例如常見、斷見、二執見，以及其他一切邪見。「薩埵」也指完全遠離一切恐懼。

　　三摩地薩埵——禪定薩埵，是指智慧尊心中的種子字「舍ぃ」

（ 𑀲 ），也是指自己心中姆指大小的觀世音菩薩。「三摩地」是指我們專注於心中的種子字「舍 以 」；「薩埵」 —— 勇氣，因其不畏懼心的掉舉和昏沉，以及其他禪修的過失。

以下的圖表，說明本尊瑜伽中三種薩埵的關係及其如何帶來淨化的作用。

		梵文	藏文
首先淨化的對象	五蘊	skandhas	pung po
	十八界	dhatus	kham
	十二處＊	ayatanas	kye che
淨化的媒介	誓言尊	samayasattva	dam tsik sempa
淨化的結果	顯空無二的本尊身		nang tong nyi me kyi ku
第二淨化的對象	根本無明	avidya	ma rigpa
淨化的媒介	智慧尊	jnanasattva	yeshe sempa
淨化的結果	具因地清淨（本具佛）與果地清淨兩種法身	dharmakaya	cho kyi ku
第三淨化的對象	煩惱	kleshas	nyon mong pa
淨化的媒介	禪定尊	dhyanasattva 或 samadhisattva	tingdzin sempa
淨化的結果	一切意念顯現與大智無二		tok tsok yeshe kyi rolpa

＊互動的來源：例如六根＋六塵。

生起次第的完整步驟（自生本尊）

我們一開始先持誦咒語：嗡　梭巴哇　修達　薩爾哇　達爾瑪　梭巴哇　修多　杭木（ཨོཾ་སྭ་བྷ་བ་ཤུདྡྷ་ སརྦ་དྷརྨཱ་ སྭ་བྷ་བ་ཤུདྡྷོ྅ཧཾ），觀想一切現象包括我們的身體在內，全部消融而無一絲殘餘。如果你覺得自己的身體和周圍的事物都還存在，這樣觀想有困難，那麼你應該專注收攝根識（感官意識），以便能一心想像它們的空性。之後，專注觀想從空性中顯現的事物。觀想從空性中出現一個綠色種子字「邦木」（ཨ），化為一朵彩色的八瓣蓮花。之後，觀想蓮花上有白色種子字「阿」（ཨ），化為月輪。月輪上出現白色種子字「舍以」（ཧྲཱིཿ），它即是自己的心。（法本的生起次第一開始即觀想白色種子字「舍以」，如此觀想已經一切具足，但若能做更多步驟的觀想，能讓這個觀想更為穩定。）

「舍以」（ཧྲཱིཿ）字放光，清淨輪迴中六道眾生的所有惡業和遮障，使他們皆變成觀世音菩薩。之後，所有的觀世音菩薩都化光，與你放射的光芒一同返回，融入這個「舍以」字。

白色種子字「舍以」轉化為一朵金黃色蓮花和蓮花上的光

焰金黃色「舍_以」（ 𣇵 ）字，仍然是在原來的彩色蓮花和月輪
之上。從金黃色蓮花和金黃色「舍_以」字放射出光芒狀的鐵鉤
和羂索，迎請十方諸佛菩薩以觀世音菩薩的形相降臨，並融入
金黃色「舍_以」字，使你從「舍_以」字轉化爲千手千眼觀世音
菩薩的形相。

　　因爲種子字「舍_以」（ 𣇵 ）是你的心，因此從「舍_以」字化
現的形相就是你的意生身，有著千手千眼觀世音的種種特徵，
自性有如水中月影或空中彩虹，並無實質的物體。

本尊觀修——淨化、圓滿與加持

　　觀想過程的每一個步驟都有其淨化與圓滿的作用，如此甚
深善巧的方法，其重點便是要將一切存有的各種不淨現象轉化
爲清淨的現象。例如，我們這個存有所具的不淨凡俗人身，是
從父親與母親的精卵而來，最後成爲完整的人身。而在詳盡的
觀想過程中，便有方法能淨化與圓滿所有的受生階段。

　　首先的淨化和圓滿是經由觀修空性以淨除常見。修行者刹
那間觀想所有顯現的現象皆爲空性。

第二重的淨化與圓滿是透過利益眾生以淨除斷見。修行者以慈悲觀修，對象是那些不了解空性的眾生。

　　第三重的淨化與圓滿是來自一己的座墊、日輪、月輪和蓮花。「邦木」字（ 邦 ）變成蓮花，「阿」字（ 阿 ）變成月輪，「瑪」字（ 瑪 ）變成日輪。①

　　第四重的淨化與圓滿是來自種子字。蓮花與月輪上的白色種子字「舍以」（ 舍 ）放光，並轉化為金黃色蓮花和金黃色「舍以」字。

　　第五重的淨化與圓滿是來自本尊身。由金黃色蓮花和金黃色「舍以」字轉化自身為觀世音菩薩的形相，具足一切嚴飾性相。

　　第六重不稱為淨化與圓滿，而是稱為加持自身身、語、意。觀想你的前額上有白色「嗡」字（ 嗡 ）、喉間有紅色「阿」字（ 阿 ）、心間有藍色「吽」字（ 吽 ），如此觀想自己與一切諸佛的身、語、意變成無二無別。②

---

①在我們的本尊觀想中，觀世音菩薩是站立在蓮花和月輪之上。我在此提及日輪，是因為我引用《瑪尼全集》（Mani Kabum）做為教授的基礎，此書中提及日輪。

②觀想的第六步驟，是在迎請智慧尊融入自身之後隨即進行。（請參見本章後段「自生本尊（續）」一節）

千手千眼觀世音菩薩身相的基本要素

白色年少的身軀站立在多色蓮花和月輪之上，透明有如鑽石一般，不僅放射光芒，也能任由光線穿透。共有十一面，分別為白色、綠色、紅色、黑色，排列如下（如鏡中影）：③

紅

黑

綠—紅—白

白—綠—紅

紅—白—綠

十一面是代表觀世音菩薩於第十地菩薩果位的功德已全然成就與了證，第十一地為總集一切功德的全然佛果、全然圓滿

---

③ 觀世音菩薩的十一面觀想，有一些規則可循，可幫助記憶，例如顏色的順序等。最下方三面的主要者，也就是中央面是白色。若是將這一層逆時針轉一個臉，結果就是上一層三面的順序，中央面是綠色。再將這一層逆時針轉一個臉，結果就是更上一層三面的順序，中央面是紅色。自觀為千手千眼觀音時，應思惟能夠感覺到自己，同時能夠從內向外看見自己。舉例，你可以感覺到自己的第二個右手持著一圈念珠。由於身軀是光體，你能夠看穿身體，看見自己的臉，有如照鏡子一般。

和全然顯現果位。一切遮障與染污完全淨除，一切功德也全然顯現，故等同於佛果。

十一面的顏色以及觀世音菩薩身相其他部分的象徵意義：三個白色的臉象徵一切諸佛的身，觀世音菩薩藉由諸佛身的本質、加持和事業利益一切有情。同此，三個紅色的臉象徵一切諸佛的語，觀世音菩薩藉由諸佛語的本質、加持和事業利益一切有情。三個綠色的臉象徵諸佛的意，觀世音菩薩藉由諸佛意的本質、加持和事業利益一切有情。其上的一個忿怒黑臉，代表觀世音菩薩能利益難以降服或調伏的眾生。忿怒是慈悲化為最大力量時的狀態，因此是指即使最難調伏的眾生，觀世音菩薩也都能應機度化。忿怒面的上方是阿彌陀佛的紅臉，以壇城來說，這是代表觀世音菩薩屬於西方蓮花部，所以祂的部主是阿彌陀佛。

我們也可以從四種佛行事業來理解十一面的色彩意義：白色代表息法，綠色代表增法，紅色代表懷法，黑色代表誅法。

另外，白色代表淨化、「止」的禪修，以及戰勝煩惱；綠色代表智慧，即功德增長或進益，特別是知識與智慧（有時在別的經文中是以黃色代表）；紅色代表攝受和權勢；黑色代表

本尊的忿怒相，在此就是觀世音菩薩的化身——瑪哈嘎拉（大黑天）的臉。除了忿怒相之外，其餘諸相皆戴有報身佛的一般嚴飾（見下方）。

觀世音菩薩有一千隻手，其中九百九十二隻手結勝施印，一千隻手代表一千位轉輪勝王，也代表觀世音菩薩發願以千種方法護佑眾生。於一千隻手掌心的一千隻眼，代表賢劫千佛④，而千眼和千手代表一千尊佛陀的事業總集。

觀世音菩薩最主要的八隻手所持的法器如下（如鏡中影）：

● 第一對手在心間合掌，掌中握有滿願寶。

● 第二對右手持著水晶念珠。

● 第二對左手持著金蓮花梗。

● 第三對右手結勝施印（無法器）。

● 第三對左手持灌頂瓶。

● 第四對右手持智慧輪。

● 第四對左手持弓與箭。

---

④ 佛經中授記將有一千位佛陀降臨到地球，因此地球的生存期被稱為賢劫。

有一些唐卡的描繪看來好像第三對手和第四對手相反，但第三對的右手應結勝施印，左手應持灌頂瓶。而持輪的右手和持弓箭的左手在高處看起來似乎是第三對手，但它們其實是第四對手。

　　觀世音菩薩身上配戴十三種莊嚴：

　　八寶飾：

　　1. 寶冠

　　2. 珍寶耳環

　　3. 一條短項鍊

　　4. 兩條長項鍊，一條較長、一條較短

　　5. 手腕上各有手環

　　6. 金色腰帶，珠寶爲飾

　　7. 手臂上各有臂環

　　8. 腳踝上各有足環

　　五絲衣：

　　1. 從頭部後方垂下的絲結

　　2. 上衣

3. 長絲巾

4. 絲裙

5. 下衣

觀世音菩薩散發著白色或水晶般的光芒，透明而不具實體。在祂心間有一個月輪，月輪上有白色種子字「舍ᴵ以」（ཧྲཱིཿ）。

觀想的層面及其意義

觀世音菩薩雙手在心間合掌象徵直視法性 —— 一切現象的真實自性。雙手之間的滿願寶象徵菩提心。正如滿願寶能夠圓滿每個人的心願一般，菩提心是觀世音菩薩全然清淨的證悟之心，能圓滿所有向祂祈求者的願望。

一般而言，蓮花代表智慧，雖然生長在汙泥之中卻完全潔淨。此處，觀世音菩薩雖然在輪迴中示現，卻完全不受到染污。金黃色代表蓮花富足的特質，如同黃金被公認為珍貴且具有價值。水晶念珠是一顆珠子串引著另一顆珠子，代表觀世音菩薩發願引領每一位眾生脫離輪迴。

勝施印象徵觀世音菩薩能賜予眾生究竟的悉地，其指尖流

下的甘露乃直接到餓鬼道，解除餓鬼道眾生的痛苦。在此特別
強調餓鬼道是因為觀世音菩薩屬於蓮花部，而從壇城法則來
看，蓮花部的諸佛菩薩特別利益餓鬼道的眾生。不過，觀想甘
露利益六道有情也是可以的。

　　灌頂寶瓶和寶瓶中的甘露代表清淨。如同水能夠洗去髒污
一般，寶瓶中的甘露也能清淨一切惡行、業力、遮障和染污。

　　智慧輪意指觀世音菩薩能跨越時空、周遍宇宙而轉動法
輪，也代表祂能賜予世間的共成就。弓箭則代表觀世音菩薩圓
滿善巧於方便與智慧雙運。

　　觀世音菩薩雙足站立在月墊上，表示不住輪迴，亦不入涅
槃。各種莊嚴寶飾與衣袍象徵具足廣大的證悟功德。月輪下的
蓮花代表厭離世間，蓮花上的月輪則代表菩提心。五色絲衣象
徵觀世音菩薩具足的五智。

　　「鐵納瑟拉」（tenasera，梵文）鹿皮披在左肩，此特別的
鹿種象徵天生具有慈心。鹿皮一直從肩膀披覆到心間，象徵觀
世音菩薩對一切眾生具有無止盡的慈悲。⑤

---

⑤關於此具慈心的鹿，請參見第十章「禮讚觀世音菩薩的身」。

自生本尊（續）

　　心中的「舍ᵢₓ」字（ཧྲཱིཿ）放光迎請觀世音菩薩智慧尊的本質自普陀拉淨土降臨。祂依誓而出現在你的面前，站立在千瓣蓮花之上，周遭有諸佛菩薩圍繞。

　　你一邊結手印，一邊念誦供養咒，觀想從你心間化現出八位供養天女，向觀世音菩薩獻上供養，然後雙手合十念誦「四行禮讚文」。

　　禮讚文之後，念誦「紮吽榜ₘ霍」（ཛཿཧཱུྃབྃཧོཿ）並配合手印，觀想觀世音菩薩與你合而為一。因此，你的三處（額、喉、心）出現種子字「嗡、阿、吽」（ཨོཾཨཱཿཧཱུྃ），分別為白、紅、藍三色。此時，你的身、語、意與諸佛的身、語、意已無二無別。

　　種子字「舍ᵢₓ」（ཧྲཱིཿ）再次放光，迎請五方佛部主尊（彩圖4：五方佛）來到你的面前，不動佛、寶生佛、阿彌陀佛、毗盧遮那佛（大日如來）、不空成就佛依序排列，你祈請祂們賜予灌頂。從五方佛的心中各自化現出佛母（彩圖5：五方佛母），手中持著甘露寶瓶。祂們從你的頭頂注入灌頂甘露，甘

露充滿你的全身後從頭頂滿溢出來，溢出的甘露形成了在中央
與四方作爲頂嚴的五方佛：

- **阿彌陀佛**，紅色，手結禪定印，在你的頂門正上方，此
  形相與最上方的寂靜相合一。
- **不動佛**，藍色，手結觸地印，在頂門的前方、即額頭上
  方，面向東方（指我們禪修時所面向的方位）。
- **寶生佛**，黃色，手結施予印，在你的右耳上方，面向南
  方。
- **毗盧遮那佛**，白色，手結勝覺印，在你的頂門後方，面
  向西方。
- **不空成就佛**，綠色，手結施皈依印，在你的左耳上方，
  面向北方。

　　如此，自身頭頂有五方佛爲頂嚴，五方佛母則融入自身。
在觀想的期間，你可以不時檢視此五方佛的頂嚴，以加強金剛
慢——自己就是本尊的佛慢。

　　到了持誦咒語的部分時，觀想心中有一姆指大小的觀世音

菩薩，形相與你自己完全相同，且是智慧尊的本質。種子字「舍以」（ཧྲཱིཿ）出現在觀世音心間的正中央，代表本尊的禪定狀態（禪定薩埵）。有些經文中提到，姆指大小的觀世音應該觀想爲空行觀音（Chenrezig Kasarpani），空行觀音爲二臂且爲菩薩坐姿。這兩種觀想皆可。

　　在持誦從「喋呀他」（དདྱཐ）開始的短咒一百零八遍，以及盡量多次持誦六字大明咒（ཨོཾམཎིཔདྨེཧཱུྃ），要觀想姆指大小的觀世音菩薩心中有「舍以」字（ཧྲཱིཿ）放射白色光或透明光，淨化六道一切眾生，眾生轉變爲觀世音並化入光中，再迴返攝入觀世音菩薩的心間。如此連續不斷觀想。

　　另一個方式是觀想六字大明咒環繞著「舍以」字（ཧྲཱིཿ）旋轉，且六個咒字都放射光芒。另外也可以運用修持四臂觀音的觀想方式，專注觀想自己心中有六字大明咒（ཨོཾམཎིཔདྨེཧཱུྃ）圍繞著「舍以」字順時針方向旋轉。

　　此外，爲修持身、語、意，要觀想自己的身爲觀世音菩薩的身，自己的語爲六字大明咒，自己的意則禪修空性。觀想自身爲觀世音菩薩的身，是爲了徹底捨棄對於身體的世俗想法，因而禪修本尊身。本尊的無上身儘管能顯現，但本質爲空性；

雖爲空性，卻又顯現。口誦六字大明咒時，應有如金剛音，持誦時應遠離對凡俗言語的執著，亦毫不中斷。意則禪修空性，是指遠離概念的造作或戲論而禪修，不受凡念所擾，若有任何念頭生起也不以後念追尋，而是將之視爲自心生起的光明本性，如此無攀執著地安住於禪修狀態。

觀想對生本尊以行禮敬

我們一開始持誦觀空咒：「嗡　梭巴哇　修達　薩爾哇達爾瑪梭巴哇　修多　杭木」（ༀ་སྭ་བྷཱ་ཝ་ཤུདྡྷཿ　སརྦ་དྷརྨཱ　སྭ་བྷཱ་ཝ་ཤུདྡྷོ྅ཧཾ）。除了自身觀世音菩薩以外，其餘一切現象皆融入空性之中。在你的心中有姆指大小的觀世音菩薩和「舍以」字（ཧྲཱིཿ）。從「舍以」字（ཧྲཱིཿ）出現種子字「忠木」字（ བྷྲཱུྃ ）在對面虛空中⑥。「忠木」字（ བྷྲཱུྃ ）轉化爲有四個大門的方形珍寶壇城宮殿（亦稱無量宮），宮殿有如光所形成，透明而不具實體，內部中央有一珍寶所成的寶座。這是爲了禮敬與迎請本尊降臨的壇城。修法處的佛龕

---

⑥「忠木」字（ བྷྲཱུྃ ）是珍寶壇城宮殿的種子字。

便是代表這個壇城，而我們應相信整個壇城就在我們面前。

　　觀想壇城宮殿的中央有一綠色種子字「邦木」（ཕ），化爲一朵彩色的八瓣蓮花，蓮花上有白色種子字「阿」（ཨ），化爲在蓮花中央和四方的五個月輪。在中央的月輪上出現白色種子字「舍以」（ཧྲཱི），化爲與自身形完全相同的千手千眼觀世音菩薩。

　　在前方、即面向東方花瓣的月輪上，出現藍色種子字「吽」（ཧཱུྃ），轉化爲不動佛，爲藍色化身佛形相[7]，手結觸地印。

　　在觀世音菩薩右方、即面向南方的月輪上，出現黃色種子字「張木」（ཏྲཱཾ），轉化爲寶生佛，爲黃色化身佛形相，手結勝施印。

　　在觀世音菩薩後方、即面向西方的月輪上，出現白色種子字「嗡」（ཨོཾ），轉化爲毗盧遮那佛，爲白色化身佛形相，手結勝覺印。

　　在觀世音菩薩左方、即面向北方的月輪上，出現綠色種子

---

⑦化身佛的形相與釋迦牟尼佛的形相相同。

字「阿」（ᨆ），轉化爲不空成就佛，爲綠色化身佛形相，手結施皈依印。

　　除了觀想前方的觀世音菩薩和圍繞祂的四方部主在蓮花瓣上，此外需觀想四方部主之間的四個花瓣上各放置著一個寶瓶。

　　中央觀世音菩薩和四方部主的額、喉、心三處皆出現白色「嗡」字（ᨆ）、紅色「阿」字（ᨆ）、藍色「吽」字（ᨆ），此時，三字皆成爲一切諸佛身、語、意的體現。從這三個種子字放射出光芒照耀到佛淨土，迎請智慧尊出現在你對面的空中。（雖然紐涅的法本中並未提及，但在這個部分應繼續以持咒和手印的方式，禮敬和供養觀世音菩薩和四方部主。）

　　之後，念誦「紮　吽　榜木　霍」（ᨆᨆᨆᨆ）時，智慧尊融入對生的觀世音菩薩和四個方位的佛。對生的千手千眼觀世音菩薩再次從心中的「舍ㄌ」字（ᨆ）放光，迎請灌頂的五方佛現前。從五方佛心間化現出五方佛母，將甘露注入觀世音菩薩與四方位佛的頭頂。觀世音菩薩的頭上出現阿彌陀佛爲頂嚴，象徵已得到灌頂。此阿彌陀佛與觀世音菩薩最上方頭部的寂靜面合而爲一，圍繞著中央觀世音菩薩的四方位佛，頂上則

各出現一尊與其相同樣貌的小佛尊。

　　接著要持誦長咒一百零八遍，然後盡力持誦六字大明咒。持咒時，應觀想從觀世音菩薩的第三隻右手和自己的手中流出甘露，甘露流入放置在觀世音菩薩前方的巨大尊勝寶瓶中，然後甘露溢滿寶瓶流到宇宙的十方，解除餓鬼道眾生的饑渴和痛苦。雖然紐涅法本中並未提及，但我們也可以觀想前方觀世音菩薩的心間有一姆指大小的觀世音菩薩在蓮花和月輪之上。

　　持誦時應重複觀想心中的「舍以」字（ཧྲཱིཿ）放光，迎請許許多多的觀世音菩薩。祂們淨除下三道眾生的惡業，並將他們安置到觀世音菩薩的果位。光返回並融入「舍以」字（ཧྲཱིཿ）。

　　持誦完畢時，象徵一切智慧尊本質的姆指觀音離開你的心間，融入前方觀想的千手千眼觀世音菩薩。（智慧尊的觀世音菩薩在「波祈請文」結束時，與帕嫫比丘尼一起回攝融入於你。）

　　接著，你以平常的形相修持「七支供養文」。首先是頂禮，以身體禮拜，之後坐下。其次是配合手印獻上五供（最後一座時，我們加修寂天菩薩的「供養雲」），以及獻曼達。第三是懺悔，第四是隨喜，第五是請轉法輪，第六是請佛住世，

第七是普皆迴向。

之後即是聞名的觀世音菩薩禮讚文（又稱波文），必須起身配合作禮拜。開始禮拜之前，觀想自己頂門之上有帕嫫比丘尼，並觀想她慈悲地爲你引見觀世音菩薩。念誦「波文」七次並同時至誠禮拜，之後回到座位雙手合十，修「特別祈請文」。之後隨即觀想坐在頂門上的帕嫫比丘尼，變成觀世音菩薩而融入，觀想自己立刻再次轉變成先前的觀世音菩薩形相。

第三部

紐涅的奧義

第九章

紐涅修持的咒語

　　一般而言，咒語可分爲陀羅尼（梵文 dharani）和誓達雅（梵文 hridhaya，精要）兩種，雖然皆爲咒語，但陀羅尼與本尊的身和語相關，誓達雅則與本尊的意相關。在紐涅的修持中，長咒屬於陀羅尼，短咒「嗡瑪尼貝美吽」（ཨོཾ་མ་ཎི་པདྨེ་ཧཱུྃ།）則屬於誓達雅。

　　長咒是紐涅修持過程中主要持誦的咒語，又分爲長版和短版二式，短版即長版的後半段。

千手觀音陀羅尼的功德利益

　　《千手觀音遍入咒力經》（*Thousand Armed-Chenrezig's Penetrating Mantra Power*，可能是《千手千眼觀世音菩薩廣大圓滿無礙大悲心陀羅尼經》）中提到，若有眾生與觀世音菩薩結緣，則永遠不被捨棄：

　　　　如來，若有眾生不行不善業，一心持誦此大悲怙主
　　　覺咒，而後若下墮三塗，我觀世音誓不成佛。若彼眾生
　　　不轉生佛淨土，我誓不成佛。若彼眾生不生大三摩地與

大修行信，我誓不成佛。若彼眾生此生所求不得滿願，
此咒不稱為大悲咒。

　　但是，持誦者若是對咒語的力量心有懷疑，則無法產生任
何功德利益。盜用供僧物之違犯，必須在千佛面前懺罪才可完
全清淨；但若能持誦大悲咒，此惡業亦可完全清淨。因為盜用
三寶供物或財物之業，可在十方諸佛面前誠心懺罪而清淨，而
在持誦大悲咒時，十方諸佛將自然現前，蒙其力量與加持便能
淨除一切惡業。此外，若能信心不疑的持誦此咒，亦可還淨一
切重大踰越，包括十不善業、五無間罪、毀謗聖賢、破戒、毀
壞佛塔寺廟、竊取僧眾資財等。若是對咒語的力量沒有信心，
任何微小的過犯都無法清淨，更不用提重大的踰越了。但無論
在何種情況下，持誦大悲咒必然種下未來成佛的種子。

　　長遠來說，觀世音菩薩誓言讓眾生從輪迴的牢獄中解脫，
祂發願以十一面觀照一切眾生，以千手撫觸一切眾生：

　　　若有善男子善女人於吉祥日、滿月日、半月日修持
　　紐涅，禮敬並誦咒百零八回，於心憶持我，彼等即使造

犯五無間罪，我仍將帶領至極樂淨土。若彼眾生下墮三
塗，我誓不成佛。

世間的一切事物都會改變，但菩薩誓言的究竟真諦力是不
變的。

這部經中的一段經文，基本上總結了持誦大悲咒於此生與
來生的一切功德利益：

若恆常清晨即起而持誦此咒百零八次，將於此生得
十種功德利益：

1. 免於身疾。

2. 蒙諸佛天神護佑。

3. 財物飲食富足。

4. 能降伏敵人。

5. 受伴侶尊敬愛戴。

6. 不受毒、鬼、魔的傷害。

7. 身出悅人妙香。

8. 免於他人邪思惡言。

9. 免於傳染病（瘟疫）。

10. 不受非時死。

此外還將獲得：

1. 臨終時蒙佛陀接引，見空中光芒，為天人讚揚。

2. 不轉生下三道。

3. 將投生極樂淨土。

4. 具有一切諸佛菩薩的功德相。

　　此千手千眼觀世音菩薩大神咒，據傳曾由一百一十億諸佛所宣說。若能以信心持誦此咒語，必然得到一切所需並圓滿一切願望，遠離一切障礙。凡是憶念觀世音菩薩並持誦此陀羅尼者，將獲得一切現前與究竟的利益。

六字大明咒的功德利益

ཨོཾ་མ་ཎི་པདྨེ་ཧཱུྃ།

嗡瑪尼貝美吽

　　此珍貴咒語是一切咒語中最殊勝者，六字之中包含多重意義。「嗡瑪尼貝美吽」乃源自於一切諸佛智慧總集化身之觀世音怙主的慈悲與事業。

　　「嗡」字（ༀ）是一切諸佛的身，代表過去、現在、未來一切諸佛的本質，因此當念誦這一切音聲之王時，即是祈請一切諸佛以及自己的自性佛。此殊勝的字使我們有機會成佛，而緣由就在於接下來的「瑪尼」（མ་ཎི）及「貝美」（པདྨེ），其各為珍寶和蓮花。

　　珍寶代表菩提心──證悟的心，而只有菩提心能夠圓滿每一位眾生的願求。如同滿願寶能夠滿足一切有情眾生的外在需求一般，觀音怙主的大悲心（菩提心）能夠滿足一切眾生的內在需求。蓮花代表智慧，有如蓮花出汙泥而不染一般，由心所生的智慧不受凡俗妄念的影響，對一切現象真實自性的了知，是全然清淨且明晰的，超越一切的世間顯有。

　　最後的「吽」字（ཧཱུྃ）具足恆常不變與雙運的功德。「恆常不變」是金剛的特質，以金剛比喻觀音怙主的空性心，具有悲空雙運的金剛意特質，這表示觀世音菩薩的意恆常不斷地利益著眾生從不動搖。象徵恆常不變與悲智雙運的「吽」字之

中，也有著諸佛全然圓滿之身。佛陀的圓滿色身從「吽」字中生起，而以「嗡」字（ɖ）作爲代表。

持誦「嗡瑪尼貝美吽」是表示我們對觀世音菩薩與諸佛具有信心和虔敬心，是向祂們皈依、爲一切眾生尋求庇護、生起菩提心、清淨罪障，以及關閉六道之門等。

蓮花生大士曾說：

「嗡瑪尼貝美吽」此咒，是一切諸佛意的具體化現，佛陀八萬四千教法的根本，五方佛的本質，以及祕密持有者的精華。每一咒字各爲一個口訣，都是一切如來的功德泉源，一切善與悉地的根本，趣向上三道與全然解脫的大道。僅僅念誦一次六字大明咒──此一切咒中之最勝者、此一切教法之心要者，即能使修行者步入不退轉的修行之道，且能成爲令其他眾生離苦的大解脫者。即使是一隻小蟲，若能在死前聽到六字大明咒的咒音，也能自其軀體解脫，轉生到阿彌陀佛淨土。若僅是思惟此咒，亦是有如太陽照耀雪山般光明，能消弭惡業的遮障與煩惱，且能往生阿彌陀佛淨土。而僅僅是碰觸

六字大明咒，便等同接受許多佛菩薩的灌頂。禪修六字
大明咒一次，則等於同時修持聞、思、修三者。如此，
一切現象的經驗都可轉爲法身的經驗，且能開啓廣大的
事業寶庫之門，利益一切有情。

以下是佛陀在《瑪尼全集》①中的開示：

　　善族的兒女，我可以用秤子度量須彌山的重量，但
無法度量僅僅念誦一次「嗡瑪尼貝美吽」的功德。我可
以告訴你們，就算每一百年用一條絲布摩擦一塊堅硬如
金剛的岩石一次，也能夠將之磨碎；但我無法度量僅僅
念誦一次「嗡瑪尼貝美吽」所累積的功德。大海會因一
滴滴海水被撈出而空竭，但僅僅念誦一次「嗡瑪尼貝美
吽」的功德卻取之不竭。我可以數盡宇宙間的每一片雪
花、每一根草、每一片葉，卻數不盡僅僅念誦一次「嗡
瑪尼貝美吽」的功德。若有一個高過一百英哩的巨屋中

---

① 《瑪尼全集》是以藏文撰寫的最早期佛法書籍之一，由西藏第一位護法王松贊干布
　　所造，共二卷。松贊干布據信是觀世音菩薩的化身。

裝滿芝麻②，每天從屋中取出一粒，最後也有窮盡的一天，但是僅僅念誦一次「嗡瑪尼貝美吽」的功德卻是用之不盡。我可以數盡十二年中於全世界各地下個不停的每一滴雨水，卻數不盡僅僅念誦一次「嗡瑪尼貝美吽」的功德。如此，善族的兒女，雖不需多言，我可以數盡向百萬如我一般的如來祈請與供養所累積的功德，卻數不盡僅僅念誦一次「嗡瑪尼貝美吽」的功德。此咒可關閉六道之門，並令眾生步上六波羅蜜道途，更能清淨業障與煩惱，且清淨自身的未來三身佛土。

諦聽，善族的兒女：此咒為一切勝者所加持，是一切的精華心要，利益與喜悅的泉源，一切成就的根本，通往上三道之梯，可關閉三惡趣之門；它是跨越輪迴的船隻，照耀黑暗的燈塔，降伏五毒的勇士，燒盡罪業與遮障之火，搗碎痛苦之槌，戰勝未調伏之土③的良藥，

---

②此處翻譯成一百英哩，是根據美國的度量衡，但實際的數字是以佛教經典中的度量單位為準，因此這只是一個約略數。

③西藏在有佛法之前，被認為是蠻荒之地。後來由幾位據信是觀世音菩薩轉世的藏王弘揚佛法，使得六字大明咒的修持普及民間。

雪域之法財，經、續、論藏與聞、思、修，一切的總集
精華，有此一即能圓滿一切之珍貴者、勝利者。因此，
應持誦六字大明咒。

　　在此要澄清一點，有人可能會問，持誦六字大明咒一次的
功德，爲何會比祈請和供養一百萬如來的功德和其他功德都還
大？原因就在於一般功德和殊勝功德的差異。此處所舉的例子
都是一般功德，而持誦六字大明咒的功德則非常廣大，因爲這
是殊勝功德，絕不是一般功德。若要使修持的行爲變成殊勝的
行爲，通常必須以清淨的發心而爲之，並於圓滿時作正確的迴
向，但持誦六字大明咒則是一切自然圓滿。因此，不論何時持
誦此咒語皆能產生無盡的功德利益。

　　《寶篋經》（梵文 Ratnakaranda Sutra）中說：

　　　　此咒爲觀世音怙主之精要，受持此六字大明咒之人
　　爲具福報者。持誦此咒時，將召來等同恆河沙數九十二
　　倍的佛眾，並將召來無量微塵數的菩薩眾。故此人能入
　　六波羅蜜門，且將召來三十二天的天人。四大天王將保

護之，一切龍王與百萬龍族也將保護之，許多其他鬼神族類也將保護之。

觀世音菩薩的每一毛孔中都有百萬佛，彼（持咒者）將得加持能於七世中獲菩提滿願寶。住於彼身內及彼身上的一切眾生也將得解脫。佩戴此咒於身之眾生，其身將成金剛身。其身將猶如裝有佛舍利之佛塔，並可代表佛智。持誦此咒者將得廣大信心，將得智慧，將生無量悲心；每日皆能圓滿六度而成為持明者、勝利的治理者，並將迅速證得圓滿佛果。凡彼所觸及者皆將使之成為菩薩眾，且此後不再投生六道。即使見到此人的畜牲或他人，或為此人所憶念者，其痛苦將終盡而成為菩薩，且將不再投生六道。

佛陀除了對持誦六字大明咒的功德利益做了許多妙喻之外，也在經中提到，書寫此咒等同書寫佛陀八萬四千教法。另一比喻為，若以天界黃金打造等同宇宙微塵數的佛像，其重要性等同六字大明咒中的一個咒字。這是真正的教法心要，其他教法相較之下，則有如百貨公司「櫥窗中的擺飾」。

　　以下節錄一段第十五世噶瑪巴④對於六字大明咒的開示：

　　第一個字「嗡」（ཨ）是白色，是觀音怙主五智的展現，且是其一切功德的精華，自性為禪定波羅蜜。此字可淨化傲慢的惡業和一般果報，尤其是壞苦和自天界下墮之苦。同時是天道之佛「無上威權」（藏語 Gya jin，梵語 Muni Zakra）的事業與佛身之無二表徵，是平等性智的自生形相，能令眾生自六道中解脫而至南方眾寶莊嚴淨土（藏語 Lho pal tang den pa'i shing，梵語 Ratnaloka），證得寶生佛的果位。

　　第二個字「瑪」（ཨ）是綠色，是觀音怙主觸及一切眾生的恩慈。這是觀世音無量愛慈的顯現、其一切事業的精華，自性為忍辱波羅蜜。「瑪」字可淨化嫉妒和嫉妒的一般果報，尤其是阿修羅道的征戰和鬥爭之苦。同時是阿修羅道之佛「堅固甲冑」（藏語 Thag zang ri tib，梵語 Vemachitra）的事業與佛身之無二表徵，是

成所作智的自生形相，能令眾生自六道中解脫而至北方無上妙行成就淨土（藏語 Chang le rab dzok paǐ shing，梵語 Karmaprasiddhi），證得不空成就佛的果位。

第三個字「尼」（ᅎ）是黃色，是觀音怙主任運而能深達的恩慈。這是觀世音身語意合一的展現、其金剛智的事業，是能將輪迴自然逆轉為涅槃之字。自性為持戒波羅蜜。「尼」字可淨化分別執著的無明和無明的一般果報，尤其是人道的生老病死之苦。同時是人道之佛 ❶——釋迦牟尼佛的事業與佛身之無二表徵，是自生智的自生形相，能令眾生自六道中解脫而至究竟法界淨土（藏語 Og min cho kyi ying，梵語 Akanishtha Dharmadatu），證得第六佛——金剛總持——的果位。

第四個字「貝」（Чད）是藍色，是觀音怙主無限平等性的恩慈。這是色身種子字的展現，自性為智慧波羅蜜。「貝」字可淨化愚癡和愚癡的一般果報，尤其是畜牲道受折磨的昏亂之苦。同時是畜牲道之佛「不可搖動

---

❶依《中陰救度密法‧西藏度亡經》上卷，人道之佛名曰「釋迦獅子」。

獅子」（藏語 Sang gye rab ten，梵語 Shravasinha）的事業
與佛身之無二表徵，是法界的自生智，能令眾生自六
道中解脫而至中央密嚴淨土（藏語 Tug po kodpa，梵語
Ghanavyuha），證得毗盧遮那佛的果位。

　　第五個字「美」（ऊ）是紅色，是觀音怙主以無限
喜悅深達一切眾生的恩慈。這是語種子字的展現，自
性為布施波羅蜜。「美」字可淨化貪欲和貪欲的一般果
報，尤其是餓鬼道的饑渴之苦。同時是餓鬼道之佛「焰
口」（藏語 Kha la me bar，梵語 Mukha Agni Valate）的事
業與佛身之無二表徵，是自生的妙觀察智，能令眾生自
六道中解脫而至西方極樂淨土（藏語 Dewachen，梵語
Sukavati），證得阿彌陀佛的果位。

　　第六個字「吽」（ༀ）是黑色，是觀音怙主以無盡
慈悲觀照一切眾生如子的恩慈。「吽」是意種子字的展
現，自性為如鏡智慧波羅蜜。可淨化瞋恨和瞋恨的一般
果報，尤其是地獄道眾生的寒熱之苦。同時是地獄道之
佛「真實王」（藏語 Cho kyi gyal po，梵語 Dharmaraja）
的事業與佛身之無二表徵，是自生的大圓鏡智，能令

眾生自六道中解脫而至東方妙喜淨土（藏語 Ngon par ga wa，梵語 Abhirati），證得不動佛的果位。

持誦「嗡瑪尼貝美吽」時，必須一心專注於怙主觀世音，每一句咒語都有如在說：「上師觀世音菩薩，請垂念我。」

另一種理解方式為「嗡」（ཨོཾ）是五智和五身的總集，「瑪尼」（མ་ཎི）是珍寶，「貝美」（པདྨེ）是蓮花。珍寶和蓮花也就是觀世音菩薩的名號。「吽」（ཧཱུྃ）是怙主觀世音菩薩保護六道眾生遠離痛苦的事業。換言之，持誦咒語時，我們念誦的意思是：「五身與五智的體現，『珍寶』和『蓮花』，請保護我們免於六道的痛苦。」

六字大明咒無疑是經部與續部所極力推崇的咒語。以持咒而言，沒有比六字大明咒意義更深奧的咒語。究竟而言，凡是認真的修行者均應戮力持誦六字大明咒。

六字大明咒的外、內、密層面

以下是《瑪尼全集》中對於六字大明咒的教授：

　　依據經部，六字大明咒與六度的相應關係，是三外

層面之第一層（外一）：

　　唵　相應於布施波羅蜜

　　瑪　相應於持戒波羅蜜

　　尼　相應於忍辱波羅蜜

　　貝　相應於精進波羅蜜

　　美　相應於禪定波羅蜜

　　吽　相應於智慧波羅蜜

　　第二層（外二）爲：

　　唵　有助於持守小乘戒

　　瑪　有助於持守菩薩戒

　　尼　有助於持守八戒

　　貝　有助於持守居士戒

　　美　有助於持守獨身戒

　　吽　有助於持守密乘戒

第三層（外三）爲：

嗡　無盡利益他眾，淨化身的遮障

瑪　無盡慈，淨化語的遮障

尼　無盡悲，淨化意的遮障

貝　無盡喜，淨化煩惱障

美　無盡平等捨，淨化習氣障

吽　無盡法性，淨化所知障

內層面與密咒乘相應，也分爲三部分。第一部分
（內一）爲：

嗡　與天道之佛結緣，有助於淨化衰敗與變易之苦

瑪　與阿修羅道之佛結緣，有助於淨化征戰和鬥爭
　　之苦

尼　與人道之佛結緣，有助於淨化生老病死之苦

貝　與畜牲道之佛結緣，有助於淨化愚鈍之苦

美　與餓鬼道之佛結緣，有助於淨化饑渴之苦

吽　與地獄道之佛結緣，有助於淨化寒熱之苦

第二部分（內二）是與淨化六種煩惱的六父、六母、六空行有關：

嗡　一切佛部，怙主觀世音佛父，六字大明咒佛
　　母，一切空行；淨化一切煩惱。

瑪　毗盧遮那佛父，佛眼佛母（Lochana），佛部空
　　行；淨化愚癡煩惱。

尼　金剛薩埵佛父，普賢佛母（Samanthabadhri），
　　金剛部空行；淨化瞋恨煩惱。

貝　寶生佛父，金剛佛母（Mamaki 瑪瑪姬），寶
　　生部空行；淨化傲慢煩惱。

美　阿彌陀佛佛父，白衣佛母（Pandaravasini），蓮
　　花部空行；淨化貪欲煩惱。

吽　不空成就佛父，三昧耶度母佛母（Samayatara），
　　事業部空行；淨化嫉妒煩惱。

第三部分（內三）是與六身和六智相應：

唵　法身，法界智

瑪　報身，大圓鏡智

尼　化身，平等性智

貝　體性身，妙觀察智

美　現等覺身（Abhisambodhikaya）❷，成所作智

吽　不變金剛身，自生智

密層面與六法性相應。第一重六法性的究竟意義為：

唵　無造作地

瑪　無阻障道

尼　轉煩惱為智慧

---

❷第一世蔣貢康楚仁波切於《知識寶藏論》中解釋為：依受度化者各自之業而不離法
　身的多重顯現，因其他四身皆於覺智中任運圓成而現。三身為法身、報身、化身，
　第四身有時指前三合一的自性身或稱體性身，有時指金剛不變身，會因內涵而不
　同。第五身則為現等覺身。

貝　智慧與方便無二

美　焚燒一切妄念的自生智

吽　從法性中自生之懷攝覺（覺性）

第二重六法性的究竟意義為：

嗡　自生智是為法性義

瑪　本質是為法性義

尼　自然逆轉輪迴是為法性義

貝　法界與智慧無二是為法性義

美　焚燒一切妄念與習氣成空性是為法性義

吽　不變異之心是為法性義

第三重與見、修、行有關：

嗡　見，六根自然無造作

瑪　修，無攀執之無謀策意

尼　行，自然從過失中逆轉

貝　果，離於諸邊之自生法身

美　無過患三昧耶，自淨之印跡（imprint）

吽　自生法性，本覺（覺性）與智慧：一切現象皆
　　含攝其中

持誦咒語的六種方法

　　持誦「嗡瑪尼貝美吽」的第一種方法是經部傳統的持誦方式，持誦時應有如熟練的樂手吹奏海螺一般，連續不斷地傳出大大小小的海螺音。觀想所有聽到此咒音的眾生，其遮障完全得到淨化。這是經部的持誦方法。

　　第二種為內續的持誦方式，分為智慧尊和三昧耶尊兩部分。觀想自三昧耶尊的心間放光，碰觸到智慧尊的心間，思惟向智慧尊的身、語、意獻上各種供養，使其歡喜。智慧尊放光，碰觸到三昧耶尊的心間，此時思惟自己得到一切悉地。如此，光芒反覆來回照耀，持誦咒語有如笛音，時而高、時而低。

　　第三種是祕密空行母的加持徵兆持誦方式。持誦咒語時，從自心間的「舍以」（𤁏）字放出多色光芒到空行淨土。觀想

空行母眾得到攝受來到你的面前，如此，自己和他眾的身、語、意都受到空行眾的加持。持誦咒語有如手鼓聲一般不斷增強。

　　第四種是禮讚和祈請上師與本尊，有如孩子呼喚母親一般的持誦方式。持誦時，自心間「舍_以」（ཧྲཱིཿ）字放光，碰觸到上師、本尊和空行。之後，有如母親慈愛地回應孩子的呼喚一般，上師、本尊和空行出現在你面前的虛空中，觀想祂們加持你、為你遣除障礙。持咒時有如彈奏塔布拉琴（Tambura）❸一般，有各種旋律的變化。

　　每一個咒字本身即是祈請文和供養：

　　　嗡　祈請和供養諸佛的身

　　　瑪　祈請和供養諸佛的語

　　　尼　祈請和供養諸佛的意

　　　貝　祈請和供養諸佛的功德

　　　美　祈請和供養諸佛的事業

　　　吽　總集諸佛身、語、意、事業、功德的加持

---

❸印度一種古樂器，類似西塔琴。

第五種是淨化修持的持誦方式。觀想自己的舌頭爲六瓣蓮花，蓮花中間有「舍以」（🕉）字。每一片花瓣上有一個六字大明咒的咒字。持誦咒語的方法有如熟練的朗誦者，咒音清晰而準確，使人豎耳聆聽。並應以身、語、意三門虔敬地持誦：

　　　嗡　淨化身的遮障

　　　瑪　淨化語的遮障

　　　尼　淨化意的遮障

　　　貝　淨化煩惱的遮障

　　　美　淨化習氣的遮障

　　　吽　淨化阻礙遍智的遮障

　　第六種爲金剛誦，是與禪定和三摩地有關。持誦咒語時，安住自己的身、語、意，保持全然靜默，同時心中默誦咒語。語不受凡俗字語的干擾，意則安住而不散亂，清朗且無雜念。

　　　嗡　意與法性，離於概念造作

　　　瑪　意與法性，自生

尼　意與法性，自明

貝　意與法性，明而淨

美　意與法性，空而明

吽　意與法性，本自清淨

如此持誦，可生起樂、明、空三者相融合一的覺受。

一般而言，六字大明咒的意義可濃縮爲「嗡阿吽」三字：

「嗡」字（𑀰）是五智的精華。（其中的）「阿」（𑀰）本身代表法界體性智。（頂上的）圓圈（。）是大圓境智。月牙（⏝）是平等性智。母音「拿洛」（〜）是妙觀察智。長劃（丨）是成所作智⑤。

在「嗡」和「吽」之間的四個字 ——「瑪」（𑀰）、「尼」（𑀰）、「貝」（𑀰）、「美」（𑀰），濃縮爲一個「阿」字（𑀰）。「阿」（𑀰）字是實相無生自性的本質，離於概念的造作與戲論。

---

⑤這個筆劃在梵文的「嗡」𑀰字中可較清楚看到。此一長筆劃，即是其右邊的波浪形線條。於藏文版中，此線條則是從上一筆向下𑀰，並加上了一個垂直的線條𑀰。

「吽」（𑀉）是如金剛般不變異之字。觀音怙主之心具有如法界空性的自性，即有如金剛一般，與慈悲和空性無二無別。祂的心意恆常不變異地利益著有情眾生。

「嗡阿吽」三字與我們的氣息之間有著自然存在的關係：吸氣時自然為「嗡」（𑀉），持氣時自然為「阿」（𑀅），吐氣時自然為「吽」（𑀉）。密續中有著此類說明：「若有人能安住於無念之心，自然安住於本尊和咒語。」這是描述生命本質的自然狀態，若有人安住於此狀態時，則自然等於持誦六字大明咒。

嗡　是身的基礎

阿　是語的基礎

吽　是自然逆轉輪迴，法性的真義

眾生的身、語、意在自然的狀態下即是此三字，而證悟的身、語、意也是這三字。

嗡　是一切諸佛身的精華，可淨化眾生的身，證得
　　佛的化身。

阿　是一切諸佛語的精華，可淨化眾生的語，證得
　　佛的報身。

吽　是一切諸佛意的精華，可淨化眾生的意，證得
　　佛的法身❹。

咒語的力量

　　咒語只是由幾個字所組成，持誦卻能帶來真實的功德利
益，現代人可能會因而難以理解。他們無法見到字語對內心潛
移默化的作用。但在西藏傳統的佛教社會，每個人都相信持誦
咒語的功德利益，因此會不斷地持誦六字大明咒等咒語。我還
記得，我的證悟上師曾開示咒語的力量以及言語的影響力。他
說，有些音聲只是音聲而沒有特別的涵義，一旦說出口之後即
消逝於空中，但有些音聲卻有很大的力量。這可以用生活中的
實際經驗來說明。例如有人用各種奉承的言語讚美你，令你產
生好的感受，即使那不過是字語；反之，有人以貶低的態度談
論你，則會令你產生沮喪、忿怒、悲傷等不悅的情緒。上師經

---

❹此處英文原文有誤（報身和化身誤植），已和作者汪遷仁波切確認。

常引用一句有名的西藏諺語：

文字沒有箭矛尖，
卻能砍心為碎片。

這樣就說明了字語必然具有力量。現在的問題是，我們如何深入具有心靈力量、真實利益的字語並獲益呢？咒語的作用就在此。我尊貴的上師怙主曾經以非常簡單的方式解釋：當我們持誦「嗡瑪尼貝美吽」時，是透過觀世音菩薩祈請一切諸佛的身、語、意，並喚起慈心和悲心的力量。

我的上師也開示了人道眾生能夠說出各種複雜語言和咒語等字詞的原因。他說，這主要是因為人體中有七萬兩千條脈，這些脈有著文字的形狀——梵文的母音和子音字。而在這些脈中流動的氣，使得我們能夠發出各種不同的聲音。也許，這是世界上有數千種語言的原因。顯然畜牲道缺少了某些特定的脈，因此牠們的溝通方式較為受限。除了五大之外，複雜精細的表達方式還需要有本初覺的要素存在，因此統稱為六大。這六大使人的身體成為金剛身，並以這個身體為基礎，而能夠表

達和了解事物。

此外，我的上師也說，一般凡夫無法自創咒語，也無法完全理解咒語的作用與深層的意義，必須八地以上的菩薩才能完全了解咒語的效果，也才能自創咒語。雖然說八地以上菩薩具有自創咒語的能力，但咒語向來都是自然顯現的，當眾生有需求時，如此的聖人便將咒語傳出來。

修持的功德利益

根據《瑪尼全集》，因修持而獲得功德利益的徵兆有：

　　身方面，能淨化身的惡業得到身的加持，生起觀世音菩薩身的淨相。語方面，使語得到淨化、受到加持而令言語具有力量，並領受言語的授記，且能聽聞和感知六字大明咒。意方面，意得到淨化、受到加持而使人體驗禪悅與證量，並生起樂、明、無念的真實心境。

總之，修行進展與修持獲益的真實徵兆為：對三寶、三根

本的信心與虔敬心增長、對眾生更具慈悲、對同修更有淨觀；
可用這些徵兆來衡量個人的修行是否有所進展。

藏王松贊干布所寫的六字大明咒偈誦 ⑥

　嗡：若誦此自生本智

　　　於大智本覺界中

　　　迷亂染自然清淨

　　　智覺度便得圓成

　瑪：若誦此大慈大悲

　　　藉安住無散禪定

　　　散逸染自然清淨

　　　禪定度便得圓成

　尼：若誦此萬法之源

　　　諸煩惱皆得平息

　　　迷亂染亦自然淨

---

⑥藏王松贊干布據信為觀世音菩薩的化身。此偈誦取自《瑪尼全集》。

　　　　持戒度便得圓成

貝：若誦此無染淨性

　　　藉精勤利益他人

　　　怠惰染自然清淨

　　　精進度便得圓成

美：若誦此能熟萬法

　　　無竭財富足生起

　　　慳吝染自然清淨

　　　布施度便得圓成

吽：若誦此能聚萬法

　　　苦痛將入於樂界

　　　瞋恨染自然清淨

　　　忍辱度便得圓成

如是，開示六字大明咒實為六度波羅蜜多之精要。

嗡：持誦自明本初智：

　　　此大智覺界顯耀

平息天道變異墮

關閉投生天道門

瑪：誦此無礙平等性：

禪定所生無盡悲

息爭鬥苦、賜予樂

關閉投生修羅門

尼：誦此萬法之合一：

煩惱平息、生法性

痛苦平息、證佛身

關閉投生人道門

貝：誦此無垢淨明性：

捨怠惰，具信、精進

除迷惑，生清淨覺

關閉投生畜牲門

美：誦此大本初智慧：

除慳吝，得大富饒

息饑渴，滿一切願

關閉投生餓鬼門

吽：誦此大攝受之力：

忍辱能盡除瞋恨

寒熱平息賜予樂

關閉投生地獄門

如是，開示六字大明咒能去除所有六道之苦，並關
閉投生六道輪迴之門。

嗡：誦彼究竟生起身

執著之苦得平息

於六塵境了無執

此乃法身之精華

瑪：誦彼離於分別執

並以慈悲心眷顧

自他攀執了無痕

此乃報身之精華

尼：誦彼萬法之本質

以慈力能攝眾生

如是遍在大悲心

此乃化身之精華

貝：誦彼清淨無染污

淨除一切惡習氣

如是轉化顯現力

此乃自性身精華

美：誦彼捨棄攀執取

平等住而離二邊

不爲貪著所動搖

此乃淨顯之精華

吽：誦彼由內而生者

根本不壞性堅固

無始無終恆安住

此乃金剛身精華

如是，經由修持殊勝的六字大明咒，能證得佛的六身。

嗡：誦此自明本初智

不執著於善惡相

　　　　眼根無執一切法

　　　　色解脫入空性界

瑪：誦此無礙意念流

　　　　不執悅與不悅音

　　　　耳根無執一切法

　　　　聲解脫入空性界

尼：誦此自生本初智

　　　　不執著於香臭味

　　　　鼻根無執一切法

　　　　香解脫入空性界

貝：誦此殊勝自明性

　　　　不執悅與不悅味

　　　　舌根無執一切法

　　　　味解脫入空性界

美：誦此無造作法性

　　　　無執悅與不悅觸

　　　　身根無執一切法

　　　　觸解脫入空性界

吽：誦此萬法不變性

無執悦與不悦念

　　　　意根無執一切法

　　　　意解脱入空性界

　　如是，此殊勝的六字大明咒能轉六根為六善德，轉
六塵入空性萬法界。

　嗡：誦此降伏愚癡者

　　　本覺界中除無明

　　　法性不變自為倚

　　　法性本智即開顯

　瑪：誦此摧滅瞋怒者

　　　菩提心中本覺清──

　　　明性與淨性之界

　　　大圓鏡智即開顯

　尼：誦此摧滅傲慢者

　　　真如覺受能生起

　　　自明界中了分明──

　　　　　　平等性智即開顯

貝：誦此摧滅貪欲者

　　眞如法界不增減

　　三時覺性非和合——

　　妙觀察智即開顯

美：誦此摧滅嫉妒者

　　智識界乃本初淨

　　不變界爲不變異

　　成所作智即開顯

吽：誦此摧滅五毒者

　　自三祕密種子字

　　見意本覺爲明性——

　　俱生本智即開顯

　　殊勝的六字大明咒能轉化六種煩惱，成為六種佛智顯現之源。

　　唵：誦此五種本初智：

拔除五毒、證五智

生起萬法而無礙

萬法界乃大空性

瑪：誦此無作自存有：

無念無別平等性

大悲遍在不停息

無礙顯現自然生

尼：誦此自然智轉化：

了證淨除癡成智

輪迴界中解脫已

菩提界即大樂界

貝：誦此無二智：雙運

離於斷、常此二邊

無邊界、不依緣見

有此無二合一境

美：誦此智慧熾燃焰：

概念徵相自焚燒

無捨五毒逝於空

　　　　菩提心界中平等

　　吽：若人誦此心眞如：

　　　　眞如依證得開顯

　　　　萬法聚於菩提心

　　　　不變界中現明朗

　　此殊勝的六字大明咒能開顯究竟眞如之自性。

　　因此，六字大明咒「嗡瑪尼貝美吽」爲輪迴和涅槃中一切善德的來源。此咒語是殊勝的金剛音，因此應以信心和虔敬心持誦，同時思惟其深意。此外，經典中也說，其他形式的善德皆有因瞋恨或其他煩惱而被摧毀的可能，唯有持誦此珍貴的咒語所產生的功德，不會爲任何外、內、密的力量所摧毀。因此，六字大明咒具有無上的功德利益。

其他的陀羅尼和咒語

　　偉大的蔣貢康楚曾提到，在自觀本尊同時而持誦長陀羅尼

和六字大明咒之後，若是可能的話，應持誦《心咒》、《藍頸觀音》⑥、《滿願輪》、《十地》、《無盡門》等陀羅尼。雖非絕對必要，但若能持誦三次龍樹菩薩所造的《藍頸觀音》長陀羅尼，將可獲得加持和利益。

《滿願輪》長陀羅尼應持誦二十一次，心咒應持誦一百零八遍。《十地》陀羅尼共有對應菩薩十地的十種咒語，雖全部共有十種，但建議應持誦第十地咒一百零八次。續部經典中也提到，這些咒語各持誦十萬次，將可依次證得一至十地果位。《無盡門》陀羅尼應持誦一次。

根據傳統，每次在持誦完所有的咒語之後，應持誦梵文母子音、緣起咒，以及百字明咒各三遍。

ཨ་གྱེན་སྟོན་ཅན་གྱི་གཟུངས་ཐུང་།
藍頸觀音——短陀羅尼

ཨོཾ་སྲུ་ལིང་གྲུཿ་ཏ་སཀ།
唵 薩普 令卡克 塔哈 薩克 卡

---

⑥本書中收納了書中提及的所有咒語，唯獨《藍頸觀音長陀羅尼》因其長度佔據太多篇幅，故不收納。但已收納其短版。

ཡིད་བཞིན་འཁོར་ལོའི་གཟུངས།

滿願輪陀羅尼

ན་མོ་རཏྣ་ཏྲ་ཡཱ་ཡ།　　　ན་མ་ཨཱརྱ་ཨ་ཝ་ལོ་ཀི་ཏེ་ཤྭ་རཱ་ཡ།

拿摩　熱特那　札亞亞　　拿摩　阿爾雅　阿瓦婁克以德須瓦惹亞❺

བོ་དྷི་ས་ཏྭ་ཡ།　　མ་ཧཱ་ས་ཏྭ་ཡ་མ་ཧཱ་ཀཱ་རུ་ཎི་ཀཱ་ཡ་ཏཏྱ་ཐཱ།

菩提薩埵亞　　瑪哈薩埵亞　瑪哈卡如尼卡亞　達亞塔

ཨོཾ་ཙཀྲ་བརྟེ་ཙིནྟཱ་མ་ཎི་མ་ཧཱ་པདྨེ་རུ་རུ་ཏིཥྛ་ཇྭ་ལ་ཨ་ཀར་ཥ་ཧཱུྃ་ཕཊ་སྭཱ་ཧཱ།

嗡　雜可惹瓦爾替　欽塔瑪尼　瑪哈貝美　如如替克塔　左

拉阿卡爾卡亞　吽　呸　梭哈

རྒྱགས་སྐོང་དུ། ད་ཕ་ཧཱུ་ཎི་རཱུ་ཐེ། བོད་སྐོང་དུ། ས་བཅུ་པའི་གཟུངས།

十地陀羅尼

ཨོཾ།　　ཡི་གེ་གཅིག་པའོ།

嗡　　一字陀羅尼

---

❺畫底線表示用一個音節念完。

ༀ་བྲཱུཿ   ཡི་གེ་གཉིས་པའོ།

嗡 布   二字陀羅尼

ༀ་པདྨེ།   ཡི་གེ་གསུམ་པའོ།

嗡 貝美   三字陀羅尼

ༀ་པདྨ་ཧྲཱིཿ   ས་བཞི་པའོ།

嗡 貝美 舍以   四字陀羅尼

ༀ་པདྨ་བྷྲུ་ཏེ།   ས་ལྔ་པའོ།

嗡 貝瑪 布則   五字陀羅尼

ༀ་པདྨ་ལོ་ཀི་ཏེ།   གཟུངས་སྔགས་ཡི་གེ་དྲུག་པ།

嗡 貝瑪 婁克以迭   六字陀羅尼

ༀ་པདྨ་ཛྭ་ལ་ཧཱུྃ་ཧྲཱིག།   གསང་སྔགས་ཡི་གེ་བདུན་པ།

嗡 貝瑪 左 拉 吽 志卡   七字陀羅尼

ༀ་ཨ་མོ་གྷ་ཎི་པདྨེ།　　　གསང་སྔགས་ཡི་གེ་བརྒྱད་པ།

嗡 阿 摩 嘎 瑪 尼 貝 瑪　　　八字陀羅尼

ༀ་པདྨོ་ཙ་ནི་ཧུ་ར་ཧཱུྃ།　　　གསང་སྔགས་ཡི་གེ་དགུ་པ།

嗡 貝 摩 婁 雜 尼 呼 如 吽　　　九字陀羅尼

ༀ་པདྨཱི་ཀ་ནའི་མ་ལེ་ཧཱུྃ་ཕཊ།　　　གསང་སྔགས་ཡི་གེ་བཅུ་པ།

嗡 貝 摩 卡 尼 卡 比 瑪 列 吽 呸　　　十字陀羅尼

འཕགས་པ་སྒོ་མཐའ་ཡས་པ་སྒྲུབ་པ་ཞེས་བྱ་བའི་གཟུངས།

無盡門陀羅尼

དྱ་ཐཱ།　　ༀ་ཨ་ཎེ་མ་ཧཱུ་ར་ཎེ་ཨ་ལེ།

達亞塔　　嗡阿涅瑪哈惹涅阿克

མུ་ལེ།　　མུ་ལེ།　　ས་མན་ཏ་མུ་ལེ།　　སྭོ་མེ་ས།

目克　　目克　　薩曼塔目克　　素美薩

ཤོ་དྷ་ར་མེ།　　　ཤོ་དྷེ་ཡུག་མེ།

素惹亞惹美　　　素替育嘎美

ནི་རུ་ག་ཏེ་པུ་རྫེ་ཙེ་ལེ་ཙེ་ལེ།　　　ག་ལ་ཡེ།　　ཀེ་ལ་པ།　　ཤི་ས་ལེ།

尼如嘎替 札貝西勒西勒　　　卡拉貝　　克拉巴　　四薩勒

ས་ར་བ་ཏེ།　　ཙེ་ལེ་ཙེ་ལེ།　　ཙེ་ལེ་ཙེ་ལེ།　　ཙེ་ལེ་ཙེ་ལེ་ལེ།　　མ་ཧཱ་ཙེ་ལེ་ལེ།

薩惹瓦替　　西勒西勒　　西勒西勒　　西利西利利　　瑪哈西勒勒

ཙང་ཌེ་ཙ་པ་ནེ།

滄德雜帕涅

ཙ་ར་ཙ་ར་ཎེ།　　ཨ་ཙ་ལེ།　　མ་ཙུ་ལེ།　　ཨ་ནཾ་ཏེ།　　ཨ་ནི་ཏ་མུ་ལེ།

雜惹雜惹尼　　阿雜勒　　瑪雜勒　　阿南_姆德　　阿尼塔目克

ཨ་ནཾ་ཏ་ག་ཏེ་ཨ་ར་ཎེ།

阿南_姆塔嘎德阿惹涅

ཉེར་མ་ལ་དེ།　　ཉེར་བ་ལ་ནེ།　　ཉེར་བ་དྲུན་དེ།　　དྲུམ་དྲ་རེ།　　ཉེར་ཏ་རེ།

尼_爾瑪拉德　　尼_爾巴拉涅　　尼_爾巴當德　　達_爾瑪達熱　　尼_爾哈熱

གི་མེ་ལེ།

企美勒

ཤྲི་མ་པེ་སོ་དྲ་ནེ།　　པ་གྱི་ཏེ་ཏི་པ་ནེ།　　བ་བ་བེ་བྲ་བ་ནེ།

師利瑪比索達尼　　札克力替地帕涅　　巴拔貝巴拔涅

ཨ་སོ་གེ་ཨ་སོ་གེ།　　བི་ཏ་རེ།

阿桑_姆給阿桑_姆給　　比哈惹

བི་ད་མེ་ས་མེ།　　བི་མ་ལེ།　　བི་མ་ལ་པ་ཏྲེ།　　སོ་གར་ཏ་ཏི།

比答美薩美　　比瑪勒　　比瑪拉差北　　桑_姆卡_爾卡尼

དྲི་རེ་དྲི་དྲི་རེ་དུ་དྲི་དྲི་རེ།

地惹地地惹　哈地地惹

ཨེ་ཙེ་ཡ་ཁོ་པ་ཏེ། ཙ་ལེ་ཨ་ཙ་ལེ། མ་ཙ་ལེ། ས་མ་ཙ་ལེ།

葉克亞口巴地　　雜勒阿雜勒　　瑪雜勒　　薩瑪雜勒

ཁ་ཛེ་ཌུ་ཌ་སན་ཌེ་སྭོ་ར།

差地處答桑　地薩替惹

ཨ་ས་ག་ཨ་སི་གི། བི་ཧ་རེ། ཨ་སོ་ག། ནིར་ཧ་རེ། ནིར་ཧ་ར། བི་མ་ལེ།

阿薩嘎阿四給　　比哈惹　　阿桑姆嘎　　尼_爾哈惹　　尼_爾哈拉　　比瑪勒

ནིར་ཧ་ཏ་སོ།

尼_爾哈差修

ཏ་ནེ་ར་ཌེ་སོ་མེ། སྟི་རེ་སྟི་མེ། སྤ་མ་བ་ཏེ། མ་ཧ་པ་ཙེ།

塔尼達地梭美　　薩替瑞薩替美　　薩塔瑪哇替　　瑪哈差北

ས་མན་ཏ་པ་ཙེ།

薩滿塔差北

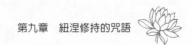

ཙི་པུ་ལ་པུ་ཏྲེ།　　ཙི་པུ་ལ་རཀྵི་སོ་ཙྲ་ནེ།　　ས་མན་ཏ་མུ་ཁེ།　　སཪྦ་ཏ་ཡ་བུ་ག་ཏེ།

比普拉差北　　比普拉惹米桑_姆巴北　　薩滿塔目克　　薩_爾瓦差亞布嘎德

ཚ་དུ་ཡན་ཏ་ཚ་དུ་པ་ཏི་ཏྲ་ནེ།

則 達亞 樣 塔 則 達亞 差 替 巴尼

ཏྲ་ར་ཏེ།　　ཏི་རི་ན།　　ཏྲ་མི་ནི་ཏྲ་ན་གོ་ཏི།

達_爾惹涅　　尼德納　　達_爾瑪尼達納果差

ས་མན་ཏ་ཏྲ་ནི།　　སཪྦ་ཏ་ཐུ་ག་ཏེ་ཏི་ད་ཡ་ཨ་ཛི་ཏྟི་ཏེ་སྭ་ཧཱ།

薩滿塔巴椎　　薩_爾瓦塔他嘎塔舍_以達雅阿地_克赤德梭哈

སྙིང་པོ་ནི།

心咒

ཨོཾ་པདྨ་ཙིནྟ་མ་ཎི་མ་ཧ་བཛྲ་ཧཱུྃ།

嗡 貝瑪 欽塔瑪尼 瑪哈班雜<u>惹</u> 巴惹 吽

梵文母音咒

ཨ་ཨཱཿ	ཨི་ཨཱིཿ	ཨུ་ཨཱུཿ	རྀ་རཱྀཿ	ལྀ་ལཱྀཿ	ཨེ་ཨཻཿ	ཨོ་ཨཽཿ	ཨཾ་ཨཿ
阿阿	以以	烏烏	日以日以	哩哩	耶耶	喔喔	昂阿

梵文子音咒

嘎客卡嘎_哈額_阿　　雜擦嚓札娘阿　　炸踏達達_哈那　　大踏塔達_哈拿

巴帕琶拔瑪　　牙葱阿拉瓦　　夏客阿薩哈喀訝

緣起咒

耶達嗎嘿堵 札巴哇嘿杜得　　看達他嘎豆 哈呀哇大查

底看雜 育尼若達 耶汪巴底 嘛哈夏嘛納耶 娑哈

百字明咒

ཨོཾ་བཛྲ་སཏྭ་ས་མ་ཡ།　　མ་ནུ་པ་ལ་ཡ།

嗡 班雜 薩埵 薩瑪亞　　瑪努巴拉亞

བཛྲ་སཏྭ་ཏེ་ནོ་པ་ཏིཥྛ་དྲི་ཌྷོ་མེ་བྷ་ཝ།

班雜 薩埵 迭諾巴 地又 哲多 美 巴瓦

སུ་ཏོ་ཥྱོ་མེ་བྷ་ཝ།　　སུ་པོ་ཥྱོ་མེ་བྷ་ཝ།　　ཨ་ནུ་རཀྟོ་མེ་བྷ་ཝ།

蘇多寇友 美 巴瓦　　蘇波寇友 美 巴瓦　　阿努熱多 美 巴瓦

སརྦ་སིདྡྷི་མྨེ་པྲ་ཡ་ཙྪ།

薩瓦 悉地 美 巴亞擦

སརྦ་ཀརྨ་སུ་ཙ་མེ་ཙིཏྟཾ་ཤྲི་ཡཿ　　ཀུ་རུ་ཧཱུྃ་ཧ་ཧ་ཧ་ཧ་ཧོཿ

薩瓦 嘎瑪 蘇擦 美 記當 歇瑞仰　　咕如 吽 哈 哈 哈 哈 火

བྷ་ག་ཝན།

巴嘎萬

ষর্ন-হ-ঘ্ৰ-গ-দা   বর্ষ-মু-মে-মু-র্ষ্মা

薩瓦 達塔嘎達   班雜 瑪美 木擦

বর্ষ-ঘ্ৰ-ঘ-ম-হ্ৰ-ম-ম-য়-ম-হ-জ্ৰঃ

班記 巴瓦 瑪哈 薩瑪亞 薩埵 啊

不空羂索觀音心咒

জ্ঞ-র্ট্ড-ম্র-গু-ঘ-ৰ-ম-ম-র্স্ক-ঘ্ৰ-ধ-ৰ-জ-ম-য-দ-দা-ৰ-দ্ট্ৰঃৰ-র্মু-ঘ-ম্-ৰ-ৰ-দা

嗡 舍以 垂妻可亞 比雜亞 阿摩卡帕下 阿差替哈塔 舍以 哈吽 呸 梭哈

　　原則上，每天早上受持大乘還淨戒後，持誦法本中的淨
戒咒七次，然後持誦相同次數的不空羂索觀音心咒。

第十章

「波」禮讚文的意義

此文是帕嫫比丘尼在親見聖大悲觀自在菩薩（Arya Avalokiteshvara）時，親書而作為獻禮的禮讚文。原藏文譯本是從梵文譯入藏文，標題為梵藏併列。在我們使用的法本中省略了標題，直接從禮讚文的本文開始：

ཨོཾ་འཛིག་རྟེན་མགོན་པོ་ལ་ཕྱག་འཚལ་ལོ།

嗡　吉克滇　貢波　拉　洽擦爾洛

嗡　世間　保護者　向　我頂禮

嗡　頂禮世間依怙尊！

「嗡」是最殊勝的音節，指的是證悟的身相，在這裡代表觀世音菩薩身的精華。「嗡」也能帶來各種吉祥、財富、榮耀、殊勝利益等。

依照佛教觀點，對於世界若有較深一層的認識，便會發現其自性為短暫而過渡；由於一切事物不斷變化，因此眾生極需保護。「頂禮」是向真正的保護者——世間怙主觀世音菩薩頂禮。

禮讚文的第一行，是藏文譯師所寫的讚詞，而非帕嫫比丘

尼所造。在開始翻譯禮讚文時，譯師爲作出正確無誤的翻譯而加入了這一行文字，以自己的身口意虔敬頂禮。

ཨཛིག་རྟེན་བླ་མ་སྲིད་པ་གསུམ་གྱིས་བསྟོད་པ་པོ།

吉克滇　喇嘛　夕巴速木吉　堆巴波

世間　上師　三界　讚揚與稱頌

世間上師三有讚歎者

藏文的「吉克滇」指瞬息萬變的世界，此處亦指終將崩解的世界；宇宙或者是世界都會歷經成、住、壞的階段，因此稱之爲無常。

「吉克滇」其實是由兩個字組成，「吉克」是指世間無常，「滇」是指居住此地賴以生存的眾生。另一種解釋是因死亡而崩解（吉克），以及因出生而存有（滇）。因此，怙主上師護佑著那些依存無常世間的眾生。

「夕巴速木」是指三界——上方、下方、中間①，即整個輪

---

① 這是佛教的概念。上方世界指天界，下方世界指人道之下的世界，中間指人道。

迴界。「堆巴」表示讚揚或尊敬，「波」指讚揚的對象，在此指三界眾生所一致讚揚的觀世音菩薩。

།ལྷ་ཡི་གཙོ་བོ་བདུད་དང་ཚངས་པས་བསྟོད་པ་པོ།

哈拉宜　作喔　讀玉倘　倉貝　堆巴波

天界　　主要　魔與梵天　讚揚與稱頌

天尊、魔與梵天所讚者

欲界中最大的天神──欲界六天魔王（梵文稱魔羅 Mara）②，其實是十分詭譎的天魔，內心充滿強烈而極端的煩惱，喜於控制輪迴中的眾生。他運用神通，可以得知何人發起菩提心，捨棄輪迴而志求正覺。他可以讀心，對於追求解脫輪迴而不受他控制的人會生起嫉妒。傳說魔羅會以五種箭（稱為花箭）射擊眾生，這些箭就是五毒，而五毒對眾生而言其實是誘惑。由於凡人的心志薄弱，容易受制於美麗的五毒花，如被誘

---

②魔羅也稱為「自在受用他變現物質」，只為了自己的快樂而任意使用他人努力的成果者。魔羅有許多魔子魔孫的侍從，他障礙佛法的修行，並喜歡奪取眾生的生命力。

惑就會長期受困於輪迴之中。

　　帕媟比丘尼在此說的是，即使是如此詭譎複雜的魔，都忍不住讚揚觀世音菩薩。除此之外，色界中最大的天神——大梵天，也稱揚觀世音菩薩。

།ཐུབ་པའི་རྒྱལ་མཆོག་བསྟོད་པས་གྲུབ་པར་མཛད་པ་པོ།

突_不貝　嘉_爾秋_克　堆貝　出_不巴_爾　則巴波

能仁者　勝利、殊勝　讚揚　成就　達成者

能仁勝王讚爲成就者

　　「突_不貝」指「能仁」，爲釋迦牟尼佛的稱號之一。此名得自釋迦牟尼佛能制伏、降伏或清除惡業的能力，故而稱之。一般而言，阿羅漢、聲聞、緣覺都有能力克服惡業勢力，但諸佛卻是一切眾生中最尊勝、最殊勝者。

　　欲證得此圓滿、殊勝、尊勝果位的「能仁」者，讚揚「堆貝」怙主觀世音，且經由這樣的禮讚而成就「出_不巴_爾」其願望。最後一個字「則巴波」指達成者，成就菩提果位的人。

།འཇིག་རྟེན་གསུམ་གྱི་མགོན་པོ་མཆོག་ལ་ཕྱག་འཚལ་ལོ།

吉_克滇速_木 吉 貢波 秋_克拉 洽_克擦_爾洛

三界 之 保護者 殊勝 禮敬

頂禮世間殊勝依怙主！

　　三世間之怙主觀世音菩薩，是頂禮的對象，帕嬤比丘尼是頂禮者，頂禮的方式是身口意以極大的恭敬頂禮。頂禮的時間是該薩嘎達瓦的滿月日，親見觀世音菩薩時。頂禮的地點是帕嬤比丘尼修行的寺院，頂禮的目的是帕嬤比丘尼欲追隨一切出世間聖眾的足跡修行，使她的祈願能夠順利圓滿。

　　以上是依據傳統、經典、分析的方式來闡釋頂禮。如果我們用這種方法分析整個禮讚文，也可以發現這些重點。但是當帕嬤比丘尼親見觀世音時，我認為她的心已完全清淨，這整篇禮讚文無疑是從她清淨心中剎那間自然流露，在不需思惟下具足了所有的關鍵重點。若非如此，帕嬤比丘尼應當無法有此淨觀。

禮讚觀世音菩薩的身

|བདེ་གཤེགས་དཔག་མེད་སྐུ་སྟེ་སྐུ་བཟང་འཛིན་པ་པོ།

喋謝_克　巴_克美　固　喋　固桑　進巴波

善逝　無量　身、形　之　賢善身　持有者、了知者

無量善逝得賢善身者

　　帕嫫比丘尼依序稱頌觀世音菩薩的身、語、意。她看見觀世音菩薩周身各個毛孔都充滿無量如來和佛國，以及無量淨土和諸佛。

　　由於觀世音菩薩的身形顯現爲千手、千眼，是眞實的聖相，因此，帕嫫比丘尼稱之爲賢善身的持有者。

|བདེ་གཤེགས་སྣང་བ་མཐའ་ཡས་དབུ་རྒྱན་འཛིན་པ་པོ།

喋謝_克　囊哇他耶　烏間　進巴波

善逝　無量光　頂戴者　持有者

無量光佛爲頂莊嚴者

阿彌陀佛（無量光佛）是指觀世音菩薩最上層的那一面，為紅色寂靜相。

|ཕྱག་གཡས་མཆོག་སྦྱིན་ཡི་དྭགས་བཀྲེས་སྐོམ་སེལ་བ་པོ།

洽_克耶　秋_克謹　宜達_克　哲貢_木　瑟_爾哇波

右手　勝施　餓鬼或鬼靈　饑渴　驅除者

右手勝施除餓鬼饑者

觀世音菩薩右邊的第三隻手結勝施印，從指間流出甘露，除去餓鬼道眾生的饑渴，使他們獲得滿足。

|ཕྱག་གཡོན་གསེར་གྱི་པདྨ་རྣམ་པར་བརྒྱན་པ་པོ།

洽_克元　瑟_爾吉　悲美　南_木巴_爾間巴波

左手　金黃　蓮花　為裝飾

左手金蓮執為莊嚴者

觀世音菩薩左邊的第二隻手持著金色蓮花，蓮花象徵離於輪迴的染污，金色象徵富有全然的慧觀力。因此，祂以珍貴的

金色蓮花爲飾。

།དྲི་ཞིམ་རལ་པའི་ཕྲེང་བ་དམར་སེར་འཁྱུག་པ་པོ།

尺_{以欣木} 日阿_爾貝 稱哇 瑪_爾瑟_爾 秋_克巴波

甜香 髮 項鍊 黃和紅 閃耀

長髮飄香橘氊明耀者

　　這是指忿怒相的頭髮閃耀著橘色，且恰如其分地垂掛於其他各面的頭髮上，但又不糾纏在一起。「稱哇」一般解釋爲項鍊或念珠，但這裡則更接近「依序排列」之意。

།ཞལ་རས་རྒྱས་པ་ཟླ་བ་ལྟ་བུར་མཛེས་པ་པོ།

暇_爾惹 傑巴 達哇大璞_爾 則巴波

臉 廣闊 如月 美麗

俊秀面容宛如滿月者

以秋天月圓之美比喻稱頌觀世音菩薩的整個臉龐。

།སྤྱན་གྱི་པདྨ་མཆོག་ཏུ་བཟང་ཞིང་ཡངས་པ་པོ།

見吉　悲瑪　秋_克都　桑興　揚巴波

眼　蓮花　殊勝　莊嚴　寬

大眼端麗狀如妙蓮者

　　指觀世音菩薩所有寂靜相的眼睛，猶如開展的蓮花般美麗
而莊嚴。「揚巴波」指觀世音菩薩能廣見過去、現在、未來三
時。

།ཁ་བ་དུང་ལྟར་རྣམ་དཀར་ངྲི་ངད་ལྡན་པ་པོ།

卡哇　通　大_爾　南_木嘎_爾　尺_以誒　滇巴波

雪　貝殼　有如　白相　甜美　具有者

齒頰流芳白似雪貝者

　　白色代表清淨，故將觀世音菩薩的身相比喻為如雪和海螺
般潔白。此外，其身體也飄散著香氣。

། དྲི་མེད་འོད་ཆགས་མུ་ཏིག་ཚོམ་བུ་འཛིན་པ་པོ།

尺_以美　偉洽_克　慕迪_克　聰_木璞　進巴波

無染　放射　珍珠　串　持有者

燦然無垢持珍珠串者

觀世音菩薩手持一串無垢而光輝燦爛的珍珠，象徵祂無染污的自性。珍珠亦等同念珠。

།མཛེས་པའི་འོད་ཟེར་སྐྱ་རེངས་དམར་པོས་བརྒྱན་པ་པོ།

則貝　偉瑟_爾　嘉仁　瑪_爾悲　間巴波

美麗　光芒　曙光　紅色　為裝飾

絢麗紅曙光華為飾者

觀世音菩薩潔白的身軀散發出紅色光芒，既莊嚴又美麗，看起來如此神聖妙好，令觀者不由自主屏息注目，有如看見清晨的第一道紅光一般。

།པདྨའི་མཚོ་ལྟར་ཕྱག་ནི་མཛེས་བཀྲ་བར་བྱས་པ་པོ།

悲美措　大_爾　洽_克尼　^恩阿_爾哇_爾　且巴波

蓮花湖　有如　手　適巧排列　美麗者

纖纖素手美如蓮湖者

觀世音菩薩的手有如開滿蓮花的湖中，許多美麗的蓮花完美排列著。

།སྟོན་ཀའི་སྤྲིན་གྱི་མདོག་དང་ཕྱུན་ཞིང་གཞོན་པ་པོ།

敦給　眞_因吉　多_克　倘　滇興　旋巴波

秋天　雲　彩　與　具　青春的

年少身色恰似秋雲者

樣貌年少，膚色有如秋日雲朵一般潔白無垢，流暢閃耀而清新鮮麗。

224

།རིན་ཆེན་མང་པོས་དཔུང་པ་གཉིས་ནི་བརྒྱན་པ་པོ།

仁_因千　芒悲　繃巴　尼尼　間巴波

珍寶　許多　肩膀　二　裝飾

雙肩嚴飾各式珍寶者

觀世音菩薩的雙肩，披帶青色琉璃與各種珍寶作爲裝飾。

།ལོ་མའི་མཆོག་ལྟར་ཕྱག་མཐིལ་གཞོན་ཞིང་འཇམ་པ་པོ།

洛美　秋_克大_爾　恰_克替_爾　旋興　姜_木巴波

樹葉　勝妙般　手掌　年輕的　柔軟者

手掌柔細嬌如嫩葉者

觀世音菩薩的手掌如此妙美而年少，猶如滿願樹上的殊勝嫩葉。

།རི་དྭགས་པགས་པས་ནུ་མ་གཡོན་པ་བཀབ་པ་པོ།

瑞_以達_克　巴_克貝　努瑪　元巴　嘎_不巴波

鹿　皮　胸　左　披覆者

左胸覆蓋麝香鹿皮者

225

觀世音菩薩的左肩披著鹿皮，這是自然湧現慈悲心的典型
象徵。鹿皮與一個不凡的故事有關，主角是天生具有慈悲心的
鹿。這種鹿在梵文稱為「鐵納瑟拉」（tenasera），應該是很特
別且極罕見的稀有動物，有著金黃色的皮，是天生即為菩薩的
鹿，對眾生具有大慈悲心。故事中，鐵納瑟拉鹿甚至會因其他
動物的喜好而讓食，因此牠不在牧草豐沃的地區覓食，而是到
較貧瘠處覓食。於我們居住的凡俗世界中，鹿確實存在著如此
習性。觀世音菩薩身披這種鹿皮，表示此類非凡的慈悲心也的
確存在。

།སྣན་ཆ་གདུ་བུས་ལེག་ཅིང་རྒྱན་རྣམས་འཆང་བ་པོ།

念洽讀璞玉　給克淨　間南木　羌哇波

耳環　優雅　裝飾品　穿戴著

雙耳垂環媚麗美妍者

觀世音菩薩的耳朵戴著貴重金屬的耳環，耳環上有各式美
麗的珠寶裝飾，相貌極為慈悲。此偈也意味著祂同時穿戴了各
類珍寶項鍊為飾。

ཁྲི་མ་མེད་པའི་པདྨའི་མཆོག་ལ་གནས་པ་པོ།

尺_以瑪　美貝　悲美　秋_克拉　涅巴波

污點　無　蓮花　殊勝　安住

端立無垢勝妙蓮花者

　　勝妙的蓮花出自輪迴的汙泥而不染著，美麗盛開有如一切證悟功德般。觀世音菩薩如此站立於此勝妙的蓮花上，示現祂的圓滿。

ལྟེ་བའི་དོས་ནི་པདྨའི་འདབས་ལྟར་འཇམ་པ་པོ།

喋威_恩　約　尼　悲美　達_{不大闌}　姜_木巴波

臍　表面　之　蓮花　如蓮花瓣　柔軟者

臍面柔軟仿如蓮瓣者

　　眾生所有的受生都是從臍部開始，一切諸佛的功德則是從菩提心產生。怙主觀世音的臍部柔軟有如蓮花瓣，象徵菩薩功德生起之處的菩提心。

།གསེར་གྱི་སྐ་རགས་མཆོག་ལ་ནོར་བུས་སྒྲས་པ་པོ།

瑟_俪	吉	嘎<u>日阿</u>_克	秋_克拉	諾_俪璞_玉	哲巴波
金黃色	之	腰帶	勝妙	珠寶	外覆

黃金腰帶珠寶鑲嵌者

　　這是讚美觀世音菩薩配戴的殊勝腰帶，是由貴重的黃金打造而成，上面裝飾著一顆如意寶珠。此腰帶被稱為「一切腰帶中最殊勝者」。

།སྣ་ཚར་དགྱེས་པའི་རས་བཟང་ཤམ་ཐབས་འཛིན་པ་པོ།

大蘇_俪	知_以貝	慈	桑	香_木他_不	進巴波
雙臀	包覆	衣裳	高貴	下裙	穿著者

臀著上好絲綢裙裳者

　　觀世音菩薩穿著由珍貴布料做成的下衣遮蔽雙臀，象徵具有羞恥和愧對的功德。以佛教的道德觀而言，羞恥來自於內在的真正誠信，因而可免於造作惡業。愧對亦來自同樣的誠信，但與他人有關，因為顧慮到他人而免於造作惡業。

禮讚觀世音菩薩的意功德

禮讚觀世音菩薩的最勝智功德

།ཐུབ་པའི་མཁྱེན་མཆོག་མཚོ་ཆེན་པ་རོལ་ཕྱིན་པ་པོ།

突ㄅ貝 千 秋ㄜ 措千 帕若ㄦ 欽巴波

能仁 知曉 殊勝 大海 彼岸 達到者

能仁勝智已達彼岸者

　　入、出世的一切智慧中，以諸佛的智慧最爲殊勝，既深又廣，能夠如實了知一切現象的自性，並能觀見一切的遍智。觀世音菩薩的智慧即具有如此功德，其智慧之深廣有如大海，亦能圓滿達到彼岸。

།མཆོག་བརྙེས་བསོད་ནམས་མང་པོས་ཉེ་བར་བསགས་པ་པོ།

秋ㄜ 涅 雖南ㄇ 芒悲 涅哇ㄦ 薩ㄜ巴波

殊勝 接受 善德 許多 適當 聚集者

廣積福德獲致勝位者

229

這是讚揚觀世音菩薩在三大阿僧祇劫圓滿累積了無量的福德與智慧。

禮讚觀世音菩薩的慈悲功德

།ཆག་ཏུ་བདེ་བའི་འབྱུང་གནས་རྒ་ནད་སེལ་བ་པོ།

大克都　喋威　炯涅　嘎涅　瑟爾哇波

永久　喜樂　來源、處所　老和病　驅除者

恆生安樂怯除老病者

　　眾生仍在輪迴中未解脫之時，觀世音菩薩能為他們去除生、老、病、死等痛苦，所以說祂是一切安樂的來源。

།གསུམ་མཐར་མཛད་ཅིང་མཁའ་སྤྱོད་སྤྱོད་པ་སྟོན་པ་པོ།

速木他爾　則淨　卡覺　覺巴　敦巴波

自三解脫　造或行　虛空居住者　作為　示現者

行空行行示了三苦者

救度眾生「自三」解脫，是特別指下三道的眾生，包括正在造作未來墮入下三道之因的眾生，以及已經在下三道的眾生。「平等為虛空居住者示現和行事」是指了知廣如虛空的所有眾生和各個眾生的根器差別。觀世音菩薩的作為，是以等同整個虛空居所的無量化身，來示現證悟成佛之道。

།ལུས་ཅན་མཆོག་སྟེ་བདུད་དཔུང་འཇོམས་ལས་རྒྱལ་བ་པོ།

呂間　秋_克喋　讀_玉繃　出_克唎　嘉_爾哇波

眾生　眾中尊　魔眾　自征戰中　勝利者

勝魔軍擾眾中為尊者

　　「眾中尊」指觀世音菩薩能夠示現種種莊嚴的化身利益眾生，並能以各種善巧方便降伏一切眾生。祂能戰勝製造各種衝突的群魔。

།གསེར་གྱི་ཀང་གདུབ་སྒྲ་ཡིས་ཞབས་ཡིད་འོང་བ་པོ།

瑟_爾吉　岡讀_不　札宜　暇_不　宜嗡哇波

金黃色　足環　音聲　足　悅意者

金釧環踝音聲美妙者

།ཚངས་པའི་གནས་པ་བཞི་ཡིས་དབེན་པར་མཛད་པ་པོ།

倉貝　涅巴　息宜　溫巴ᵢₐ 則巴波

梵天　處所　四　靜默　所作者

以四梵住甘爲寂靜者

　　這兩行偈子需一起解釋。第一行描述觀世音菩薩的金踝環碰撞發出的聲音，令一切耳聞者皆生歡喜。第二行則是指所發出悅耳的音聲是四無量心的音聲。四無量心是往生梵天的因，而四無量心的音聲是祈願眾生能具足安樂與安樂的因，遠離痛苦與痛苦的因，具足遠離痛苦的喜樂，以及安住於遠離好惡的平等捨。這樣的音聲能夠撫平眾生因好惡而引起的痛苦。若是沒有菩提心，四無量心是轉生天道的因；若是有菩提心，則變成開悟成佛的因。

།ངང་པའི་འགྲོས་འདྲ་སྐྱོང་ཆེན་དྲེགས་ལྟར་གཤེགས་པ་པོ།

昂貝　追札　朗千　徹ₖ大ᵢₐ 謝ₖ巴波

天鵝　行走的模樣　大象　驕傲　行走者

行如天鵝步傲巨象者

觀世音菩薩行走的姿態極為尊貴優雅，有如天鵝之王，有如巨象。天鵝和象在行走時都會回頭顧盼，而觀世音菩薩因為無緣大慈同體大悲的關係，不願意漏失任何一個眾生，因此行走時亦前顧後盼。

禮讚觀世音菩薩的語

|ཚོགས་ཀུན་ཉེ་བར་བསགས་ཤིང་བསྟན་པ་གཉེར་བ་པོ།

措_克棍　涅哇_爾　薩_克興　滇巴　涅_爾哇波

積聚　適當　聚集　佛法或　提供者

教義

遍積資糧住持法教者

　　最初於因地發心時，祂生起了菩提心；在道上的階段，祂積聚了福慧兩種資糧；在佛果的階段，祂已圓滿聚集一切資糧。在這三個階段中，祂都不是為了自己的利益，而是為了解除一切眾生的輪迴之苦。是故，觀世音菩薩是珍貴教法的給施者。

།འོ་མའི་མཚོ་དང་ཆུ་ཡི་མཚོ་ལས་སྒྲོལ་བ་པོ།

哦美　措　倘　秋宜　措　咧　卓爾哇波

牛乳　海　和　水　海　自　令解脫者

渡脫乳海以及水海者

　　乳海是指涅槃寂靜，水海是指輪迴。因爲乳是白色且味道甘甜，因此用來比喻已經解脫煩惱（白色）、證得人無我（甘甜）的阿羅漢。阿羅漢尙未完全去除阻礙遍智的遮障，因此尙未證得兩種利益——圓滿的自利與圓滿的利他。觀世音菩薩雖然已經從輪迴海中解脫，但是爲了讓阿羅漢能夠超越涅槃的邊見，因此向他們示現大乘的教法。

　　第二個比喻是自水海解脫。如同海中有各種奇異的生物一般，輪迴海中的眾生飽受不明煩惱情緒所折磨。觀世音菩薩怙主向眾生示現一切現象本無自性的教理，如此將眾生從輪迴的邊見中解救出來。

　　在讚歎觀世音菩薩功德和事業的祈請文中，也包括了讚歎觀世音菩薩的身、語、意在內。

禮讚的功德利益

།གང་ཞིག་རྟག་ཏུ་ཐོ་རངས་ལང་ནས་གུས་པ་ཡིས།

康息_克 大_克都 託讓 朗涅 庫_玉巴宜

任何人 恆常 黎明 升起 以恭敬心

任誰恆於黎明起

།སྤྱན་རས་གཟིགས་ཀྱི་དབང་པོ་ཡིད་ལ་སེམས་བྱེད་ཅིང་།

見熱息_克 吉旺波 宜拉 森_木切淨

觀世音 具力者 心中 作思惟

恭敬思惟觀音力

།བསྟོད་པའི་མཆོག་འདིས་དག་ཅིང་གསལ་བར་བསྟོད་བྱེད་ན།

堆貝 秋_克 迪 他_克淨 薩_爾哇_爾 堆切那

讚嘆 殊勝 此 清淨 明晰 作禮讚

以此勝讚明淨讚

།དེ་ནི་སྐྱེས་པ་འམ་ནི་བུད་མེད་ཡིན་ཀྱང་རུང་།

帖尼　皆巴　昂_木　尼　璞_玉美　寅姜容

彼即　男　或　女　二者之一

無論男人或婦女

།འཇིག་རྟེན་འདི་འམ་མ་འོངས་སྐྱེ་བ་ཐམས་ཅད་དུ།

吉_克滇　迪昂_木　瑪喻　皆哇　湯_木界突

世界　此或　未來　出生　所有之中

此世間或未來世

།འཇིག་རྟེན་འཇིག་རྟེན་ལས་འདས་དགོས་པ་ཀུན་འགྲུབ་ཤོག།

吉_克滇　吉_克滇咧喋　皈巴　棍　竹_{不修克}

此世間　出世間　目的　一切　成爲達成

世出世間咸滿願 ❶

　　最後這六行偈頌，說明禮讚文的功德利益。若是有人能每日早起，梳洗沐浴，穿著整潔衣物，虔誠雙手合十，以身頂禮觀世音菩薩，以語大聲無誤地念誦此禮讚文七次或二十一次，

並以意在心中憶念觀世音菩薩身、語、意、功德、事業的功德，不論是男是女，將於此世和未來世獲得利益。就世間而言，此人將投生於人道或天道，長壽無病、財富豐盈、心常安樂等；就出世間而言，他們將證得各十一地菩薩果位的所有大了證，即圓滿的佛果。總之，一切世俗和究竟的願望都將實現。

---

❶〔嗡，我向世間怙主禮敬。三界一切皆讚揚與稱頌這位上師。就連天神和梵天都稱頌與讚揚觀世音尊。想要成就佛果者，也讚揚這位能帶來如此成就的主尊。我向三界的無上保護者禮敬。尊聖身形的持有者，充滿無量如來，阿彌陀佛為您的頂嚴。您無上慷慨的右手遣除餓鬼眾生之苦；您的左手握著一朵金色蓮花。您香甜的紅黃頭髮閃耀如項鍊。您面容的寬廣有如秋月般妙美。就如尊貴的無上蓮花，您的雙眼美麗開展。您妙香的身形有如雪白的海螺。您拿著一串無瑕而光亮的珍珠念珠，散發出奪目的光耀，如旭日紅光。您的身如湖泊；手則如湖中蓮花般圓滿排列。各手的樣貌年少而猶如秋日雲朵，白色、明亮且清朗。雙肩有著許多珍貴的珠寶為裝飾。您青春樣貌的手掌，柔軟有如至高無上的葉子。您的左胸披著鐵納瑟拉的鹿皮。珍貴的耳環和其他的飾品優雅地裝扮著您。您安住在一朵無上且無瑕的蓮花之上。您的臍面柔軟有如蓮花花瓣。您的腰帶屬於上好珍寶鑲嵌的黃金。您的下袍以最佳的衣料包裹著雙臀。已經到達大海的彼岸，您有著無上的智慧和能力。您適切地積聚如此多的善德，領受了無上者的果位。老病苦難的遣除者，您是喜悅的恆久來源。您為解脫下三道眾生而作行，平等地為虛空居住者示現並行事。諸眾之無上者，您為降服諸魔的尊勝者。您的雙足有著金色踝環的悅耳音叮噹作響；且您生起四種靜默，是為梵住之因。您行走的姿態有如天鵝般優雅、大象般高貴。教法的提供者，全然且適切地積聚者，您從乳海和水海中解脫。任誰於清晨即起以虔敬心，心中思惟大力的觀世音，清淨且明晰地頌揚此無上的禮讚，無論是男是女，此生或各個來世，於此世間和超越此世間，他們所有的願求都可以達成。〕

頂禮的功德利益

我們一邊念誦「波文」七次，一邊頂禮千手千眼觀世音菩薩。頂禮是一種善巧的方法，有著深奧的象徵意義與功德。首先，傲慢與我執會產生許多的過失，而頂禮可以對治傲慢與我執。當傲慢與我執很強烈時，便少有諸多善妙功德。謙卑和虛心則能帶來許多修行的功德。因此，頂禮對修行的進展來說異常重要。

當我們雙手合十碰觸自己的頭頂、喉嚨、心間三處時，代表對一切諸佛身、語、意的全然崇敬。經由頂禮，我們有機會接受諸佛身、語、意的加持，以及去除自己身、語、意的惡業，並清淨三毒。此外也能夠去除下三道的痛苦，圓滿見、修、無學三道。究竟而言，能夠證得佛的三身。

五輪投地（五體投地）也有其甚深的象徵利益。身體的五個部位碰觸地面，是象徵禮敬一切諸佛的身、語、意、功德、事業，以及領受這五者的加持。五輪投地也能分別清淨我們以身、語、意或三者合一所造的惡業，去除潛在的執念，並能超越五種流轉③的痛苦。此外，也安住我們於五道中次第前進的

可能性。五道是資糧道、加行道、見道、修道、無學道。最後，能安住將來證得一切諸佛身、語、意、功德、事業之因。

　　因此，不論是一般的彎腰禮拜或五體投地的大禮拜，為了獲得此珍貴修持的最大利益，於禮拜時，心中應清楚了解這些意義。

---

③「五種流轉」指六道，其中阿修羅道與天道合為一道。

第十一章

結行祈願文與供養文

特別祈願文與食子供養文

　　「波文」結束之後，在「特別祈願文」中最主要是願佛法長存世間，法教持有者和上師長久住世。此外，祈願一切眾生皆發菩提心、修行止觀，最終證得諸佛的遍智。誠心祈願之後，觀想頭頂上的帕嫫比丘尼融入自身，自身再次變成觀世音菩薩。之後繼續修食子供養。

　　食子一般代表幾種不同的物品，此處是指以食子的形式代表觀想的供品。這是一種方便法，且似乎是不可或缺的物品。只要我們還需要領受某些證悟事業，食子供養便可善巧方便地讓我們獲得利益。究竟而言，既然一切現象並非實存，或許看似不需要食子，但只要我們尚未證悟，如此的方便法就有其重要性，因為食子可作為我們領受證悟道途的基礎。

　　向觀世音菩薩供養食子時，先持咒加持食子，然後觀想食子變成不可思議的供品獻給觀世音菩薩，並思惟：「請為我納受此供養。」之後念誦：「請幫助我與一切有情生起菩提心。」此處的加持、咒語等與龍王食子供養略同，但是當我們祈請龍王相助時，主要是祈請龍王保護佛法，尤其是紐涅教法及其修行者。

傳統上，每天的最後一座也會加修食子供養文。首先是供養主要守護傳承和修行者的瑪哈嘎拉護法，之後修一般所稱的「三食子供養」儀軌。第一個食子是供養十方守護者，其次是供養天、龍、乾闥婆等，最後是供養製造障礙的鬼神。若是已經接受適當的指導，並得到上師的許可獨自做紐涅閉關，但不知道如何修這些額外的食子供養，則可以省略這一部分。

　　食子供養之後，緊接著是供養浴水給觀世音菩薩，以其能究竟清淨罪障的角度而言，其目的與供養食子雷同。如同我們用水來洗淨不潔之物，我們也可以同理運用在修行上以水來清淨業障。一切現象皆由因緣而生，若是虔誠向諸佛供養浴水，將成為自身獲得清淨的因，也因此獲得利益。

　　最後的供養與禮讚文稱為「儀軌結行供養」，是以手印和咒語來進行，念誦短軌的禮讚文之後，就一起持誦「嗡瑪尼貝美吽」，同時領受甘露水。

儀軌圓滿之際，領受甘露加持：最後的淨化象徵

　　此時，主法上師將甘露淨水賜給閉關大眾，大眾應觀想

前方觀世音菩薩的心間出現三位化現，稱爲「六字大明咒三化現」（梵文 Triad of Shadakshari Deities，「四臂觀音」三尊或「六字觀音」三尊）（彩圖 6），也稱爲父、母、子的化現。父的化現在中央，是名爲「解脫眾生者」（Liberator of Beings）的四臂觀音，除了手上持珍珠念珠之外，外相皆與四臂觀音相同。母的化現名爲「咒部持有者」（Holder of the Mantra Family），形相也與四臂觀音完全相同，雙足彎屈側坐（皇后坐姿）在父觀音的左方（觀者右方），面帶微笑仰望著父觀音。子的化現名爲「珠寶持有者」（Holder of the Jewel），坐在父觀音的右方（觀者左方），二臂，身黃色，右手於心間持一珠寶，左手持一蓮花，右足向前伸展，爲菩薩坐姿。

　　如此，觀想觀音三化現在你前方，賜予你甘露淨水三次。第一次領受甘露時，應思惟所有的煩惱障完全得到淨化；第二次領受甘露時，應思惟一切所知障得到淨化；第三次領受甘露時，應思惟自己證得無生法身的自性。此時，用甘露淨水象徵性地清洗自己，並飲水三次，也就是以無名指和拇指沾水，灑淨自己的臉三次，然後啜飲掌中的水三次。雖然爲了象徵得到清淨而應將水喝下，但在禁飲食日則只以淨水灑面而不喝下。

領受甘露淨水之後，應思惟觀音三化現融入自身，自己的身、語、意因而轉變爲金剛身、金剛語、金剛意。如此，應禪修心自性的出世智。

　　若是觀想觀音的三化現太過複雜，可以只觀想立姿的二臂觀音，其右手結勝施印，左手持一朵蓮花。從觀音的右手流出甘露三次，清淨你的身、語、意三處。

結束禁飲食齋戒

　　到了第三天早晨，以接受甘露水結束飲食的禁戒。若連續修一座以上的紐涅，在修持廣軌的受戒之前會獻曼達，此時應思惟將紐涅戒回供給殊勝本尊（千手觀音），如此便結束飲食禁戒。由於我們修持的簡軌中沒有獻曼達的部分，如果可以的話，應該在「三十五佛懺悔文」結束後，觀想將紐涅戒回供給殊勝本尊，然後喝下一種稱爲「餵養身體細菌」的水，結束飲食禁戒。在最後一天的修持中，則是以接受甘露水結束飲食禁戒。

結束紐涅修持

結行懺悔

　　這個懺悔文是為了清淨修持中可能造成的任何違犯，例如無法適切地禪定、持誦、保持觀想等。我們以持誦三次百字明咒來清淨過失。

圓滿次第

　　最後，我們將對生以及自生本尊消融於空性之中，結束儀軌。首先祈請智慧尊留駐於大殿或佛堂壇城中，念誦：「於此偕同所依像，安住三有輪迴中；無病、長壽且自在，諸殊勝善祈賜予。」〔請安住於此處壇城。賜予吾等長壽與大力，免除疾病，並以最善妙的方法賜予吾等殊勝成就。〕之後念誦咒語「嗡　蘇札迪叉　邊紮耶　梭哈」（ཨོཾ་སུ་པྲ་ཏིཥྛ་བཛྲ་ཡེ་སྭཱ་ཧཱ）①。

　　若有沙壇城，則祈請智慧尊留駐於壇城直到修持結束，此

---

①智慧尊是指真正的觀世音菩薩。誓言尊是我們經由觀想所生的形相，這裡是指我們觀想在前方的千手千眼觀世音菩薩。

時不念誦上述咒語，而改念誦祈請文：「尊者遍利諸有情，隨順此願賜成就；雖將前往佛淨土，祈請日後再降臨。」〔您爲利眾行事業，祈亦賜吾等悉地。您可離去歸淨土，但請復返我等處。邊絷　慕（ བཛྲ་མུ་ ）。〕

收攝自生本尊

以下是收攝或圓滿，以及座下階段（post-meditative state）的完整步驟。對生的誓言尊，隨同其宮殿與諸佛眷屬，融入自生的觀世音菩薩。自生的觀世音菩薩消融爲二臂觀世音菩薩。二臂觀世音菩薩融入心間的拇指觀音，拇指觀音再融入其心間的「舍以」（ ཧྲཱིཿ ）字，「舍以」（ ཧྲཱིཿ ）字變成一個小圓形光體，愈來愈小，最後融入於空性。此時應安住於心的清淨境界，離於概念造作與戲論。

結束禪修時，即進入下一個階段：座下狀態，此時應自觀爲立姿二臂觀世音菩薩，右手結勝施印，左手持一朵金色蓮花（彩圖 7）。

第四部

修持的準備

第十二章

法會前的準備

個人的準備

我在引言中提到，若你是大乘行者，並且尤其是密乘行者，那麼你已具備修持紐涅的基本條件。若非如此，則必須領受皈依戒與菩薩戒，以及修持紐涅的必要灌頂，並且願意持守紐涅的誓言。事實上，最重要的是要對紐涅法門具足信心，相較於十分熟悉紐涅教法或法本，這一點更為重要，因為全然的虔敬心是真正的功德利益之源。

若你預備做兩天的紐涅修持，可能會需要向你服務的單位請假。若是要進行連續八座的紐涅，則可能須在一年前便開始做各種準備。因為每個人的工作職責與性質都不同，可能需要提早在幾個月前先確定閉關日期並做好準備，如此屆時才能得空參與這重要的修持。

若你準備參加連續八座的紐涅，傳統上我們會建議至少在一週前開始茹素。這是為了潔淨的目的，以及在精神上調整到正確的方向。此外，事續中說沐浴時要在浴水中加入以初生牛犢的糞便與淨水混合而成之物，據說此物具有潔淨力。也有人為了淨化而飲用這樣的水。

修持紐涅可成就息法 ①，而息法的顏色是白色，因此修持者應全身穿著白色衣服，或身上至少須有一件衣物是白色。衣服不應太過華麗，也不應太過邋遢。所謂「華麗」是從貪戀和我執的角度而言，「邋遢」是從不尊敬此珍貴教法的角度而言。

　　修持時須有紐涅法本、一小碗象徵花朵的米或以新鮮的花瓣作供養、坐墊和修法桌、鈴杵，以及念珠。依據蓮花部事續的傳統，最好是使用蓮花子做成的念珠。若沒有蓮花子，則菩提子、水晶或檀香木念珠亦可，但不可以是人骨念珠。根據傳統，念珠應該由處女穿成，念珠的穿線也應該由處女紡製而成。

　　除非修行者本身有良好的程度，否則念珠應經過上師持咒加持。若自己加持念珠，咒語為：

ན་མོ་རཏྣ་ཏྲ་ཡཱ་ཡ།　　ན་མོ་ཨཱརྱ་ཨ་ཝ་ལོ་ཀི་ཏེ་ཤྭ་རཱ་ཡ།

拿摩　日ᵃ那 札呀呀　　拿摩 阿ᵇ雅 阿瓦羅 基得 秀瓦 日ᵃ亞

བོ་དྷི་སཏྭ་ཡཱ།　　ཨོཾ་ཨ་མི་དེ་ག་མེ།　　ཤྲི་ཡེ་ཤྲི་ཡཱ་ནི་ལི་སྭ་ཧཱ།

菩提 薩埵 亞　　嗡阿米 迭 噶 美　　希利 耶 希利 亞 尼 利 梭 哈

---

①紐涅主要屬於第一部（事部）密續或息法。修持之，最能夠得到息法的成就，因此
　應以息法為主要重點。

將念珠放在雙手之間合掌，持誦此咒語七次之後，對著念珠吹一口氣。傳統上是將念珠放入一個白色小布袋中，一邊將手伸入袋中撥動念珠，一邊祕密持誦咒語，以免他人看見，這是為了避免持咒的加持力散失。接著將念珠藏放在布袋中，直到閉關結束為止。此外，在紐涅的修持中，每持誦完一種咒語時，都可以對念珠吹氣不斷加持，並觀想念珠的加持力不斷融入你自身。

　　雖然這些修持方法是事續傳統，在西藏並未確實依循，這是因為無上瑜伽續對西藏的影響極大，事續因而受到忽略。此外，修持紐涅的行者也不一定對事續傳統相當了解。若是有人希望盡量以傳統的方式來修持，便應該盡力做到這些正確的步驟。

灌頂與教導

　　修持紐涅之前，務必先接受觀世音菩薩的灌頂。若尚未皈依，則應同時接受皈依戒。在紐涅的修持中，會給予「還淨戒」的八種戒律。此外，還必須從上師處接受有關於觀想的詳細指示。

主壇城的準備

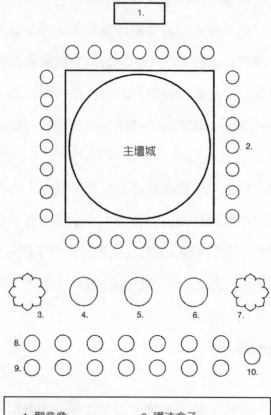

1. 觀音像　　　　6. 護法食子
2. 供養　　　　　7. 事業寶瓶
3. 尊勝寶瓶　　　8. 父續供養
4. 諸佛食子　　　9. 母續供養（順序相反）
5. 觀音食子　　　10. 海螺水

若是要嚴守事續的傳統，主壇城的準備有各種詳細的項
目，但大都無法全部備齊。

　　再次，主壇城中首要的基本物件是本尊壇城（彩圖 10）。
雖然事續建議最上等的壇城是沙壇城，但製作沙壇城須對製作
儀式有完整的知識，若沒有精通儀式的人便無法完成，因此這
時候可用畫壇城（藏語爲「唐卡」，即繪畫）。修持紐涅時，
是以沙壇城或畫壇城爲表徵而觀想對生本尊。若無上述兩種壇
城，則有第三種方法，用米粒在曼達盤上砌出一個象徵物來代
表。先在盤上堆出中央的一個圓圈，周圍有八片花瓣，然後在
花瓣中央以及圓圈的正中央都放置小米堆（彩圖 9）。

　　根據經典與釋論，最重要的是要有一尊觀音像，最好是白
檀木雕刻而成，並以舍利子裝臟。佛像應以三角架安置於壇城
上，周圍的四個方向則放置供品。若無法安置佛像，第二個選
擇是在壇城後方懸掛一幅觀世音菩薩唐卡（彩圖 2）。若沒有
唐卡，至少應有一幅莊嚴的觀世音菩薩法相，放置在壇城後
方。

　　本尊壇城的周圍以由左至右方向排列八供圍繞，有淨水、
花朵、燃香、油燈、香水、食物、音樂。可以的話，在四隅各

擺設一組八供。若是做不到，則盡力準備供品即可。在這些供
品的前方有兩種不同的寶瓶，第一種是主要的尊勝寶瓶，另一
種是事業寶瓶。主寶瓶應繫上白巾，放置在壇城的右側；事業
寶瓶應繫上紅巾，放置在左側（此處的左右側是以壇城為主
體，與觀者的方向相反）。

在兩寶瓶的前方中央，放置觀世音菩薩的食子，右側放置
諸佛菩薩的食子，左側放置護法食子。觀世音菩薩的食子形狀
與綠度母修法的食子完全相同，食子底部有四朵蓮花的形狀，
食子上有五種裝飾物。食子的最上面有日、月和寶石（彩圖
8）。

瑪哈嘎拉護法的食子，依六臂瑪哈嘎拉和二臂瑪哈嘎拉而
各有不同，因此要看所修法本內容而使用食子。這些食子當
中，絕對不可或缺的是觀世音菩薩食子，若無諸佛菩薩食子或
瑪哈嘎拉護法食子則可免去。

在這些食子的前方，必須放置一個堆砌完整的獻曼達，在
獻曼達的前方再放置一組八供。經典中還提到應以逆時針方向
放置另一組供品。再次，這要看你能準備的供品多寡而定。如
果能增加八吉祥和八妙欲供，以及盡力準備花、果等供品也很

好。花朵宜爲白花。旁邊應準備一只海螺，海螺中盛著從事業寶瓶倒出來的水，這就是閉關當中修行者領受的甘露水，也是其他在清淨時所使用的水。

請記住，主壇城代表佛的身、語、意，因此，主壇城裡最基本應有佛的身、語、意象徵物，例如佛像、經典、佛塔。對於紐涅的修持而言，主壇城裡應該有千手千眼觀世音菩薩的經書和咒字，以代表觀世音菩薩的語。

在所有這些主壇城聖物的前方，應放置供養地方神祇與護法的數個食子，以及一個供養給惡鬼神的食子。若你是參加連續八座的紐涅，大部分會由上師和僧眾準備食子。若你是個人自修，就須請他人協助。若是無人協助，則可以餅乾和糖果取代。製作龍王食子時應加入牛奶，因爲龍王喜食牛奶。此外還須準備浴佛的材料：浴水、水壺、鏡子、白色毛巾，都必須先準備好放置在一旁。

供養食子不可自行食用，而應於紐涅圓滿後拿到戶外放置在高處。應避免食子被豬或其他四足動物吃掉，因爲牠們被視爲較低等的動物；最好是由鳥類吃掉，因爲鳥類可以飛翔，被認爲是空行母一族。

修持的地點

經典中提及，有蓮花池的地方即是修持紐涅的吉祥地，象徵修持紐涅將能證果，換言之，如此環境提供了修行成就的因。若是沒有蓮花池，則應在裝有舍利的佛塔處修持，這是為了去除障礙，迅速證得悉地。除了這些準備之外，清掃主壇城以及法會場地也很重要。

修持紐涅的吉祥日

我們是根據藏曆②來挑選舉辦紐涅的日子。在藏曆中，半月日向來是每月初八，滿月日都在每月十五，新月日則都在每月三十。佛教的信仰認為，某些特定的日子本身就是一般吉祥日，例如滿月日和新月日。此外，還有與佛陀行誼相關的殊勝吉祥日。

藏曆的正月③稱為神變月，因為佛陀在正月的初一到十五

---

②藏曆與一般西洋曆不同，此處所有的日期皆以藏曆為準。
③藏曆正月通常在洋曆的二月或三月。

示現了各種神變。此外，正月十四和十五是噶舉教派的殊勝日，因為十四日是密勒日巴尊者的涅槃日，十五日是瑪爾巴尊者的涅槃紀念日。

藏曆的四月（氐宿月）也是特殊的月份，有三個重要的歷史事件發生。四月八日是佛陀降生日，十五日是佛陀在菩提樹下證得究竟圓滿佛果之日。另有人說，佛陀也是在四月初八入大般涅槃。這個月對於紐涅行者也具有特別的意義，因為帕嫫比丘尼和其他所有紐涅的傳承持有者，也都是在這個月證得果。

藏曆六月初四是佛陀初轉法輪日，九月二十二日是佛陀從三十三天返回人間的佛陀天降日。這四個月份 —— 正月、四月、六月、九月，稱為四大吉時。

在這些吉祥日，我們所做的一切，不論善、惡業都將增長為十萬倍，另有一說是增長為一億倍。

提及上述這些日子，乃因它們是修持紐涅的最佳吉祥日。我們每年舉辦的幾次紐涅八座閉關中，有一次便是訂在藏曆四月舉行，因為四月是一年當中最重要的月份。

有關修持的吉祥日，另有更詳細的說法提到最好是在每個

月的初一到十五，亦即月亮漸圓的日子修持，月亮由盈轉虧的
日子則不宜修持。然而若你是做連續的修持，則只須於上半月
當中開始，其餘則不須拘束。此外另有一說爲，初二、初四、
初六、初九、十二開始修持皆不吉祥，其餘十天則皆爲吉祥
日，其中以初五、初七和滿月日尤佳。

　　切忌於不吉祥的日子起修，這是因爲藏人相信如此會產生
修行的障礙而不易成就。反之若能在吉祥日起修，不但不會產
生障礙，且能迅速成就。

第十三章

實際的修持

修持圓滿的三要件

　　為了使修持徹底如法（合乎佛法）且清淨，每一續部的修持皆須具備三種圓滿的要件，亦即善的前、中、後行，這是指事前須妥善準備（前行），中間要一心修持（正行），以及最後應迴向功德（結行）。一開始，我們再次確認自己虔誠發願皈依三寶和三根本，因為除此之外沒有其他究竟的皈依處。之後，以正確的發心生起菩提心，再次確認自己的發願真的是為了利益一切有情眾生，而非為了自己而修持紐涅。因為唯有致力於利他才可能證悟，世界上沒有任何自私自利而能證得佛果的例子。

　　為他人的利益著想絕對是合理且正確（如理如法）的，因為根據佛陀的教法，每一位眾生在無始劫中都曾經不只一次身為我們的父母。因為佛陀的每一句話都真實不虛，因此事實確實如此。我個人認為單憑這個理由，就足夠讓我們致力於利他。幫助曾經無數次對我們如此仁慈和慷慨的人，不僅是正確的修道行止，也是高尚正直的人類行為。若我們能以此發心和清淨的意念開始修持，就是圓滿的開始。

　　我們在閉關期間須誠心專注地修持，並盡力遵守誓言、念誦祈願、進行觀想、持誦咒語、禪修等等。若是觀想和禪修有困難，則應虔敬且如法地盡力祈請、禮拜和持咒。若能如此修持，則是圓滿的過程。

　　最後，將修持的一切功德和善業誠心迴向眾生。有些人將迴向解釋為與眾生一起分享功德，但這種觀念並不正確，因為分享表示自己仍然想留一些功德給自己，而迴向的觀念卻是將一切功德都給眾生，不去設想自己的利益。我們自身的功德利益其實是自然產生的，一位大乘的行者並不會替自己設想，因為當我們的所作所為以究竟而言是正確的，那麼結果也自然會是正確的，因此不需要去想：「這當中是否有個人利益？」正確的迴向不僅使修持圓滿，也能使功德不會耗盡。

　　一般人就算很有意願，也可能不知如何做正確的迴向，因此最善巧的方法就是思惟：我們願追隨過去、現在、未來三世諸佛的迴向而迴向。「迴向祈願文」表達了正確而圓滿的迴向，因此我們只需真誠思惟、希能如祈願文所述迴向功德，如此便圓滿結束修持。我們須謹記這三種圓滿要素，它們在紐涅以及其他所有修持中都非常重要。

紐涅的修持

　　就紐涅的修持而言，三種圓滿的要素如下：在晨座時先禮讚佛陀和觀世音菩薩——「佛行十二誼讚」和「至聖觀自在悲切讚頌文」，修「三十五佛禮懺文」以及受持八關齋戒，這些是正修前的行持。之後念誦「傳承次第祈請文」和「皈依發心文」。這些全部構成善的開始。

　　修持的主體是從念誦「七支供養文」和「四無量心」以累積資糧爲始，之後修持自生本尊和持咒，然後是對生本尊和持咒。接著念誦「七支祈請文」、「獻曼達供養文」、「共的懺悔文」（懺悔罪業文）以及「波文」。緊接著「特別祈願文」、食子供養、浴水供養、結行供養，以及特定懺悔修持中的所有過失。最後進行收攝本尊，完成修持的主要部分。

　　最後，我們以功德迴向做爲結束，迴向的內容先是念誦善妙的「普賢行願文」①，然後念誦吉祥偈，如此圓滿紐涅的修持。

---

①對此一文的標題有不同的英譯，如「聖行發願文」Aspiration of Noble Conduct 或「決意修賢文」Resolve to Practice Excellence。此譯出自《華嚴經》最後一品，稱「普賢行願品」。

潔淨

　　由於紐涅的法門主要源自事續部（雖說其中一部分也屬於行續部），其中，潔淨的概念扮演著最重要的角色。在事續部中，修行進展主要是以潔淨的身行作基礎，意的觀想等雖然也很重要，但只是助緣。而在行續部中，身的潔淨與意觀想則同等重要。因此，紐涅的修持兼具事續部和行續部兩者。

　　根據事續部傳統，沐浴是非常重要的一環。修行者一日必須進行三次儀式性的清淨，亦即沐浴淨身、以懺悔文清淨過失，以及藉持守正念和發菩提心來清淨意念。

　　接著是更換外、內、密三衣。外的衣是指每天穿著乾淨的衣裳，內的衣是指持守誓言，密的衣是指觀想本尊。除了穿著白衣外，肩上可披一條白色披巾代表法袍作為清淨的象徵。經文中提到，不應穿戴任何皮件，包括念珠、手錶、皮鞋等。此外還提及紐涅期間應食三種白色食物，即酸酪、牛奶和奶油。

　　依照嚴格的傳統，進入修持紐涅的大殿或佛堂之前，應先清洗五肢，即臉、雙手、雙足。清洗時應持誦淨化的咒語，例如百字明咒。一般最普遍的百字明，是金剛薩埵百字明，但在

紐涅的傳統中，則須念誦蓮花薩埵百字明。此外，進入大殿或佛堂之時，必須以淨水漱口，然後將水吐出。紐涅修持期間的行為過失，例如昏睡、咒語念誦錯誤、放屁、打哈欠等，也以同樣的水來清淨。傳統上，若是有人犯了這些過失，應該起身頂禮三次，用淨水漱口並念誦百字明咒再回坐。大殿或佛堂內的各處和物品應保持乾淨，這很重要。

雖然這些行為上的慣例是紐涅修持的傳統，但西藏佛教徒在這些方面並未遵守得很好，其中一個主要原因是，真正非常偉大的證悟上師不需要這些潔淨的修持。此外，無上瑜伽續強調要超越一切事物，包括清淨與不淨的概念。由於藏傳佛教主要著重無上瑜伽續的修持，因此其他的續部甚少受到重視。

我的上師——圓滿證悟的金剛持卡盧仁波切，過去的教導和行為即是很好的例子。他安住於全然圓滿的心境之中，以最純然的樣貌生活，對於任何生起的現象既不拒絕、也不接受。若有誠心修行者能真正傳承法教，他會為此勝妙傳承付出所有，但他自己則不會特別在意是用什麼方式。這是安住於圓滿解脫境界的徵兆，也就是心已經遠離一切的束縛。因此，他顯然對於一切外境了無執著，包括對於佛法的傳統也是，但若有人

向他請教傳承修持的細節要點，他也能確實了知所有細微之處。

破戒的力量

　　受戒是為了輔助個人修行。戒的力量來自於內心真誠的誓言，由內心發誓不做某些特定行為，如此持戒而產生強大的心靈力量，據說這樣的力量可使功德增長十萬倍。同樣的，若是誓言持戒卻無法遵守，則違犯戒律的惡業也將增長十萬倍。這一點在受戒之前須謹記在心。若是無法守戒，則寧可不要受戒。

　　在此略提一般惡業的力量。殺生會使一個人投生到下三道，特別是等活地獄（梵文 Samjiva，藏文 Yang So）。等活地獄裡的眾生不斷彼此殺害，反覆生死數千回。即使投生為人，也必然身體醜陋、精神異常且壽命短暫，注定嘗受極大的恐懼、忿怒、疾病與痛苦。佛經中亦進一步提到，殺生的對象不同，所造的惡業輕重也不同，每一次殺生都將造成三百次到九百九十次被殺的果報。

　　偷盜的果報是投生到哭嚎地獄（梵文 Raurava，藏文 Ngu Bo）。即使投生為人，也將感受貧窮的果報。即使獲得一點點

財富也留不住，且很難獲得新的錢財。此人將不爲他人所喜，更可能爲人所憎恨。

　　邪淫的果報是投生到大哭嚎地獄（梵文 Maharaurava，藏文 Ngu Bo Chen Po）。即使投生爲人，也將五百世生爲女性，並患有癲癇症等重疾，或具有雙重性別，或者成爲可怖者之妻，此人將歷經諸多問題，且爲人所憎恨。

　　妄語的惡業是投生到黑繩地獄（梵文 Kalautra，藏文 This Nog）。即使投生爲人，將有言語方面的障礙，例如瘖啞、口吃、口齒不清等。此人少慈悲而多嫉妒，且患嚴重口臭，未來世亦無法理解佛法。

　　飮酒等成癮的惡業將投生到熱地獄（梵文 Tapana，藏文 Tsa Wa）。即使投生爲人，將性喜昏睡、忘性極重、不甚聰穎。此人少有羞恥與謙卑之心，且易嫉妒又慳吝，其修行善業將減少消失，且會有五百世投生爲傷害眾生的鬼靈、犬隻或精神錯亂。

　　不論是否受戒，只要犯下這些惡行，都會產生嚴重的果報。如前所述，若是有受戒，則惡業將增長爲十萬倍。但反之，持戒的善行具有眞實的利益，尤其是持戒的善業功德將增長

爲十萬倍，因此請牢記受戒的力量以及眞誠持戒的絕對重要性。

清淨的身行

　　由於紐涅修持屬於密續中的事續部，因此，教導說要以完全淨行做爲方便法門。除了禁飲食與禁語之外，在非禁飲食日必須絕對爲素食。此處所說的佛教清淨素食，意指完全素食。由於素食主義包含許多不同的觀念，因此，我在此強調是完全且絕對清淨的素食。有些人雖說自己吃素，但仍然吃魚或某些肉類。有些人說：「我是素食者」，非關道德而是基於健康理由。若以修行而言，這方向是對的，但態度卻不一定完全如法。若是有人願意吃素，最好是有正確的原因，如此將產生善業功德。若非如此，則好處僅限於此生有限的健康利益而已。這裡的素食主義是指一種完全清淨的善業。

　　有一種說法是，紐涅修持期間只能吃三種白色的食物。實際上，「三白」是經典中的術語，指的是清淨的素食，雖就字面而言是指牛奶、乳酪和奶油這些乳類製品，這三者是素食的一部分。阿底峽尊者是將素食納入八戒的功臣，在他的時代之

前，素食尚未正式屬於八戒之一。我認爲可能在更早期接近佛陀的時代，人們在修持時會自動採行正確的行爲，但久而久之漸行漸遠，因此，阿底峽尊者可能認爲有必要詳細清楚說明正確的做法，而將素食正式納入八戒之中。

清淨的素食同時也指不食大蒜、洋蔥、蕪菁和芥子。一般認爲這些食物中的某些化學成分會刺激神經官能，因此不應食用。有一則關於天人與阿修羅之間的古老傳說，與大蒜不清淨的特性有關。曾有一位阿修羅特別嫉妒天人，天宮中有一只盛滿著珍貴甘露的寶瓶，這位滿心忌妒的阿修羅不知怎地闖入宮中並將寶瓶奪走。天人看見他竊取寶瓶，於是在後面追趕。阿修羅眼看快被天人追上，但他又不甘心交回那些珍貴甘露，因此他將整瓶甘露一飲而盡。天人抓住他卻發現甘露一滴都不剩，盛怒之下將他千輾萬剎，阿修羅粉碎的身體片片從天界一路掉落到地上，從地面的片片屍體中長出了一種十分特別的植物，便是大蒜。

現代醫學告訴我們，大蒜是營養食品，可以抗菌和抗氧化，若是大量食用可以清血，保持外貌年輕。由於大蒜的有益成分很多，在市面上甚至買得到大蒜錠。其實，這些好處都是

來自於阿修羅喝下的甘露。但是以靈性而言，我們也知道大蒜
會刺激情緒，並非很好的食物。大蒜有益身體卻有害心靈，這
是因為那位滿心忌妒的阿修羅懷有極為不善的意圖，因此，食
用大蒜可說是利弊難斷的雙刃之劍。

　　因此，在紐涅修持期間不宜服用大蒜與洋蔥等食材。佛陀
曾多次提到，弟子不應食肉類、大蒜和洋蔥。除了刺激神經官
能之外，吃大蒜和洋蔥的人會觸怒天神 ②和驚嚇較弱的靈界。

　　實際上，就嚴格的素食主義而言，我們不應該吃任何生長
於地下的植物，這是指馬鈴薯等，但自古以來此點並未被嚴格
看待。雖然我個人沒有找到有關此規定的任何資料，但我認為
不吃地下生長的植物可能和挖土與犁田有關，因為在挖土與犁
田的過程中，可能會傷及許多的昆蟲和其他小生物。

　　十九世紀偉大的上師巴楚仁波切（Patrul Rinpoche）曾談
到，自認為大好人且從未做過壞事的人，其業如何。居住在現代
社會中的人們，由於受過某種程度的教育且有些成就，便自我中
心地認為自己起碼算是人類中的「善類」。巴楚仁波切指出，如

---

②一般認為有德之人與修行者的周圍，會有類似天神的眾生保護他們。

果略加思惟一個人每天都吃肉,那麼他距離「善類」還很遠。

巴楚仁波切繼續談到西藏人以茶和糌粑(烘烤過的青稞)作為主食的飲食方式,他提到與糌粑有關的惡業。當西藏人挖土種植青稞的種子時,地下的昆蟲被挖到地面上,而地面上的昆蟲被埋入土中因此死亡。除此之外,在人們忙著翻土時,鳥兒也在一旁忙著吃這些昆蟲。等到收割的時候,又要再造更多的惡業,最後才能吃到糌粑。因此若要說糌粑是清淨的食物,恐怕不是。這是巴楚仁波切試著要說明的重點。若是我們想想茶農的種植過程,則喝茶也是同樣的道理。因此,就我們所探討的飲食,以農業方式種植的食物都牽涉到很多的業。除非我們能像密勒日巴尊者一樣過著極簡的洞穴生活,只吃野外自然生長的蕁蔴,否則很難有完全清淨的飲食。

談了這麼多,顯然吃蔬菜比吃肉所造的惡業較輕一些。因此除了禁肉之外,紐涅修持當中只有禁止大蒜和洋蔥、蕪菁和芥子等。不過,傳統上只有嚴格禁止大蒜和洋蔥,其餘則不限,因此在我們的閉關中也不加以限制。

顯而易見,素食的主要原因是要避免吃各種肉類,包括海鮮、紅肉(家畜類)和家禽類。就如法和不如法的行為而言,

食肉是不如法的，因為食肉和殺生有關，因此以業來說是不清淨的行為。所有這些動物都是有情的眾生，而正如我們有求生的欲望一樣，動物也有，但牠們的生命卻只因人類的口腹之慾而提早結束。就事續部的觀點而言，正確的行為指絕對禁止食肉。若是我們要在業和修行上抉擇如法的行為，就不應該食肉。我們只要想想動物被殺時所經歷的強烈痛苦，便知道這是正確的抉擇。這麼多的牲畜在出生時就已注定遭到宰殺，而牠們大部分都在極度惡劣的生存條件下由人類監禁餵養，只為了在同樣糟糕的情況下被宰殺。看過牲畜被宰殺的人都無法否認，牠們也都是有情的眾生。

其他的規範

食物和飲料

除了嚴格素食之外，不可吃自己的殘食，也不可吃壇城上的供品。在西藏有一種食物，可以維持長途遠行和登山者的體力，這一類特別準備的食物也要禁止。豆類、豆莢類和鹽類也列入禁食清單中，但這一項較不重要，也未明確規定。

雖然經典提及，在非禁飲食日從早到晚皆可飲水，偉大的蔣貢康楚仁波切寫到，對於慣喝奶茶的藏人來說，此時雖可喝茶，但應喝較平時清淡的茶。同樣的道理，現代人喝果汁大概是可以接受的，但也應以水稀釋。此外，為了使一切如法，所有的飲料在入口之前都應先以甘露水加持。

　　進餐時的如法方式是以適當的供養文做為一餐的開始（本書第六部的「供餐文」）。傳統上，佛教徒會唱誦《憶念三寶經》。若是不知如何來修，至少應口誦「嗡啊吽」咒語來加持餐點。在接受食物時，應觀想將食物供養給觀世音菩薩。用餐結束時應加持殘食，將殘食布施給福報不足、只能吃經過加持和迴向食物的眾生。

　　這一餐稱為「單座」（single sitting），意指餐點用畢之前不起座。用餐時間指定在正中午。依照傳統是由他人分發餐點給修持者，如此修持者便不需起身和坐下。能做這種安排是最好，但因為通常不易實施，因此我允許學生採用自助方式進餐，但這樣他們就得站起來再回到座位。無論如何，都必須於指定時間之內用完，大約為十二點到一點。

　　經典中也提到應準備妥當的餐具，不可使用貴重金屬、黃

銅、青銅等材質製杯盤，也不可使用顱器或樹葉（在印度很普遍）。此外也不可以光手直接取用食物。

　　進餐時，嘴巴不可張太開、太緊或發出聲音，也不可以邊吃邊說話或談笑。進餐時應提起正念並有所節制，不可吃過多、亦不可假裝吃很少——假裝只吃一點就飽了，其實仍餓著肚子。換言之，修持紐涅時應該吃得剛好飽足便不再多食。當然，這些都是與非禁飲食日當天有關的事項。

　　顯然在禁飲食日是完全不進食的，甚至連一滴水都不喝。有一個傳承甚至不允許修持者將口水嚥下。但在我們的傳承，偉大的蔣貢康楚仁波切提到，吞嚥口水與否皆可接受。有些人會問我有關刷牙的事情，我想刷牙是允許的，因爲根據傳統，若有人破戒應以清淨水漱口並念誦懺悔文以清淨之。③因此，只要不喝下任何水，我想刷牙是可以接受的。

對於規範的曲解

　　修持的規範主要是與身有關，因此不難判斷修持者是否有

---

③若是無法念誦完整的懺悔文，則可以持誦百字明咒並漱口，如此便足夠。

所違犯，例如在禁飲食之時吃喝，在禁語之時說話、放屁或打嗝，在座上打瞌睡等。在修持之時，持誦錯誤的咒語也是違犯，且不應於修持當中離座，即使上廁所也不行。若是不得已離座，應於門邊頂禮三次，持百字明咒，並於回座前以淨水漱口。若有其他違犯，也必須以同樣的方式還淨。

　　比較常見的情形是，有些修持者可能曲解規定而有所違犯，例如在禁語日透過紙條交談，或者用大聲笑、哼哼聲作為溝通，這些都是曲解規定。有些人要求在禁飲食日服藥，若是有重大的醫療需求則可服用，但如非醫療用途，只是平常習慣服用、而非攸關生死的維他命，便是不允許的。

　　在修持期間閱讀世俗的書籍或雜誌也是曲解規定，然而閱讀佛書是可以接受的。看電視或聽廣播也是曲解；網路漫遊、傳送非必要的電子郵件或打不必要的電話，也都是曲解規定。

　　如果你必須透過一些溝通方式才能參加紐涅，例如以電子郵件或電話傳送和接收訊息利益參加的人，這時你須向上師秉告，並得到上師的允許才能這麼做。一般而言，上師須根據弟子個人的需求來評估是否可行，考量該弟子的情況，為他作最佳的抉擇。最首要的仍然是以弟子能夠參與紐涅，並從中獲得

法益爲前提。

紐涅的三昧耶戒

　　金剛乘的三昧耶誓包括對於上師以及教法的誓言，在密咒乘或密續道是一切成就的來源。紐涅屬於事部，爲了獲得究竟的悉地，教法的根源就在於三昧耶戒。由於三昧耶是修行成就的主因，因此修行者必須盡一切能力持守。

　　共的三昧耶戒有：

- ●皈依三寶。
- ●生起菩提心。
- ●內心對內、外部密續本尊和男女本尊不分別高下，而是全然眞誠且歡喜地崇敬一切本尊。

　　除了上述共的三昧耶戒之外，另有十三項不共的三昧耶戒：

1. 對修持的本尊具足虔敬心。
2. 對受持密續誓言而進入密續道途者，尊敬他們的身、

語、意。

3. 尊敬僧團、佛道上的所有師兄弟姐妹，不尋思他們的任何過失，即使微小的過失也一樣。

4. 尊敬上師，且對於上師所做的任何事或所說的任何話，都不尋思其過失。

5. 即使精進修持本尊法卻不見任何成就徵兆時，也不生起邪見。

6. 在吉祥日④準備豐盛供品，修本尊薈供和供養三寶。

7. 不崇拜世間神祇和世俗鬼神。

8. 他人求予食物或住宿時，不作拒絕。

9. 時時刻刻捨棄傷害他人的念頭與行為，並對一切眾生——從人類到微小的昆蟲，生起利他的想法和行動。

10. 運用善巧方便而精勤持誦咒語和持戒，以增長善德。

11. 根據教導如法持咒，並奉行如法的行為。

12. 不捨棄密咒乘的其他三昧耶戒。

13. 對於未受灌頂以及毀壞三昧耶者，不顯露本尊以及咒語。

---

④吉祥日為滿月、新月和半月日，以及佛陀殊勝月（氐宿月）。

若是違犯了任何三昧耶戒，可念誦懺悔文還淨，如「三十五佛禮懺文」、「共的懺悔文」（懺悔罪業文）或百字明咒。在違犯的當下，若是不知道任何懺悔文，可以提起正念懺悔自己的過失。很多人都知道百字明咒，你可以持百字明咒懺悔。最重要的是，必須每日清淨自己當天所犯的過失，這一點要牢記在心。

此外，觀世音菩薩有一個不共的三昧耶戒：即使自己沒有過失，他人卻毫無理由指責你並對你採取下列四種行為時，仍應忍辱而不報復：

● 刺激你

● 怪罪你

● 凌辱你的肢體

● 向大眾宣揚你不為人知的過失

如此修持的行者，被視為具有四種功德的真正修道人。

換言之，不論他人如何對待你，例如毆打你、竊取你的物品、對你惡言相向、或者對你心懷惡意，身為修行者，你應思

惟這些都是觀世音菩薩身語意的加持，因爲這些逆境能夠消除你的煩惱和惡業。最重要的是，不論發生任何快樂或痛苦的事，修行者應對觀世音菩薩具足完全的信心。

此外，應試著生起淨觀，思惟自己的居處爲極樂淨土或普陀拉淨土，共處的每一個人都是觀世音菩薩的化現，一切的聲音都是六字大明咒的無上咒音，一切意念皆是大智慧的廣空——悲空雙運的智慧本覺。此外還應培養對他人的慈悲觀，亦即當他人傷害你時，仍然以慈心和悲心對待他們。若是不能做到，就是讓觀世音菩薩失望。在你能如實做到這些之前，要領受觀世音菩薩眞正的加持仍然略有困難。

紐涅的修行者必須不時修持施與受（自他交換法），並每日持誦長陀羅尼一百零八次或二十一次，或至少十五次。若是不持誦長陀羅尼，每日持誦殊勝的六字大明咒亦可。

若你能持守所有的三昧耶戒，絕對會產生教法的利益與力量。依此，若能不違犯三昧耶且修持珍貴的紐涅法門，你將成爲持明家族的成員之一，並可於一世、三世或至多十六世之內證果。思量一下輪迴過患，便知道紐涅的修持和教法是如何地稀有難得。

第五部

素食與紐涅

第十四章

素食與斷食的功德利益

由於斷食和素食在紐涅法門中佔有重要地位，我想以佛教觀點闡述斷食的功德利益與素食的重要性。受持大乘八戒中的禁飲食戒有許多的功德利益，最主要的是來世即使輪迴世間，也永遠不會遭受饑荒、戰爭、傳染病（瘟疫）之苦。所謂的戰爭之苦，是指出生於戰亂之地而為兵器所殺害；傳染病之苦，是指出生於有淋巴腺鼠疫這類急性傳染病的地區而致命；饑荒之苦，是指出生於乾旱地區而穀物未熟已落，因飢餓而死。

　　若是你從未斷食過，二十四小時的斷食對你而言或許太過激烈，但事實上斷食並不困難，而且長久以來斷食被認為是體內淨化與療癒的良方。目前有愈來愈多事實證明，每隔一日斷食一天有助於長壽和預防重症。近期對於人體和動物的醫學研究亦顯示，間歇性的斷食在許多方面有益健康：胰島素敏感度改善、對引發阿茲海默症❶的神經毒素抵抗力增加、抗壓性提高、心跳減緩、血壓降低等。斷食也能使細胞較不易產生癌變。即使斷食者平時的整體熱量攝取維持不變，因為斷食的關係，仍然可以享有這些益處。

---

❶舊稱老年失智症，今更名為認知障礙症（Cognitive Disorder），因為並非老人專屬、且較不含歧視意味。

就實際斷食來說，對於經常修持紐涅的人而言，因斷食所引發的饑渴不適感相當輕微，卻能讓我們有機會思惟下三道眾生的痛苦，尤其是餓鬼道的眾生。斷食讓我們有機會生起真正的慈悲心，而慈悲心是我們能藉修行而生起的最重要德行。若是個人對於痛苦缺乏真正親身的體驗，便很難體會其他眾生的痛苦；若是無法體會他人的痛苦，便很難生起真正的慈悲心；若是沒有真正的慈悲心，則絕不可能變成清淨的證悟者。

素食

雖然素食在紐涅法門中極為重要且不可或缺，但一般佛教徒認為在日常生活中不一定要吃素。就這方面而言，我認為去確實了解佛陀對於素食的教導是很重要的。

在佛陀的時代，僧尼眾捨棄一切出家修行，以托缽的方式過著簡單而清淨的生活。不論托缽得到什麼食物，他們都毫無分別的接受。在小乘的戒律中，可看到佛陀允許弟子在托缽時食肉，但佛陀規定弟子們僅可食三淨肉，即不在下列三種情況下食肉：見到該牲畜為你而被殺；雖未看到，卻聽到該牲畜為

你而殺的聲音；懷疑且認為該牲畜可能為你而殺。如果確認受供的肉並沒有這三種情況，佛陀才允准你食用。

「三淨肉」的教導其實是食肉的業果深淺，佛陀於經文中對於宰殺的屠夫、肉品批發商、零售小販到食肉的消費者，各有其不同程度的業果，也作了清楚的說明。

佛陀曾說過：「食肉者非我弟子。」這似乎與上述內容有矛盾。但佛教的上師其實都知道三淨肉是針對初機的弟子，不食肉是針對心續已完全成熟的弟子。結論是，後者才是佛陀最究竟的聲明，而前者並非究竟。有其他例子可以證明，佛陀曾試圖矯正獨尊素食者的極端觀念，為了平衡這種極端的邊見，祂說：「素食並非唯一，另有其他方法。」不過可惜的是，有些人便根據這樣的說法而自行食肉。

就我個人的了解，大乘教法完全以菩提心為基礎，在大乘文獻中找不到佛陀允許弟子食肉的任何資料。不僅如此，佛陀給予許多「眾生皆母」的開示，教導不應食肉，例如「有如食己子女肉」等等。由於大乘主要教導慈悲心，因此絕對不允許食肉。中國佛教徒所依循的是大乘傳統，因此他們都正確採取素食的原則，而就我所知是由中國一位信佛的皇帝頒布諭令，

開啟了中國佛教徒茹素的良好習俗。我很隨喜這位皇帝高潔的作為。

西藏佛教徒大部分為密乘，一般而言皆非素食者。若是你向西藏佛教學者請教有關於食肉的問題，他們通常會引用佛陀小乘教法中的三淨肉。此外，有些人在認識不足的情況下，認為密宗是十分深奧且高階的教義，而既然他們是密乘的追隨者，因此應可以接受各種情況，包括食肉在內。這是完全誤解真實的教義。事實上，對於萬事萬物的了解愈多，慈悲心也將隨之增長，行為會趨於圓滿，而不是呈現相反的情況。有些人會諷刺地引用一句名言：「真正有慈悲心者才應食肉。」這句話的意思是說，若某人具足真正的慈悲心，他食肉時就不會不負責任，且必然以慈悲心為已成為盤中飧的牲畜祈禱，如此，已喪命的牲畜便能得到利益。我個人認為，這種情況只適用於已經完全證悟的修行者，例如我的上師金剛持卡盧仁波切，以及其他同樣的證悟者，否則只是在為自己的惡行找藉口而已。

話雖這麼說，且讓我對西藏地區人人食肉（包括修行人在內）的情形略做說明。西藏的情形有幾種原因，首先是西藏被稱為「黑暗之域」，西藏人的習性幾乎和食肉的夜叉一樣，即

使後來佛法傳到西藏，仍然無法改變當地人數千年來食肉的習性。另外，西藏地處高緯度地區，蔬果生長不易，而人們也不知道如何種植蔬果。此外，由於密乘以轉化爲修持的方法，人們因而藉此自由地食肉。眞正偉大的修行者由於能夠眞實轉化，因此他們可以食肉而不造惡業；但對於凡夫而言，我想食肉的惡業恐怕是逃不掉的。

雖然西藏的生活狀況是如此，但藏人也有一些良善的習性，比如大部分藏人不吃各種體型小的海鮮或牲畜。他們寧可宰殺一隻大型動物讓多人分食，也不願爲了餵飽區區幾人而殺死許多生命。希望我這麼說不是爲西藏人食肉找藉口。我要說的重點是，素食當然是最好的，但若你做不到，身爲佛教徒，你必須試著負責任，也就是盡量少吃肉，包括食肉以及殺生的量。

我幼時經常在飯後幫忙證悟上師將飯菜中剩餘的骨頭收集起來。通常上師會爲這些牲畜的骨頭加持，將它們擊碎、和著黏土，做成很小的泥塑佛塔，藏人稱爲「擦擦」。雖然上師已達安住於心的圓滿境界，對他來說並無任何業的影響，但這麼做是爲了確保與他有緣的牲畜都能得到全然解脫。

一般而言，佛教密續分爲四部，在前三部中不但找不到有

關允許食肉的內容，反而有絕對禁止食肉的敘述。或許在第四部的無上密續中可以見到一些參考資料，例如以座下的行爲來說，對一切事物既不接受、亦不排斥，心意單純安住於離於好惡的狀態中。唯一提到食肉，或許是在薈供的部分。在薈供中，供品包括了一些代表善巧方便的物質，以及代表智慧的甘露。肉被視爲是最上等的物質，酒則是最上等的甘露。薈供中使用的肉——善巧方便的殊勝所依，應取於自然死亡的動物屍體。這些物質透過儀軌的修持轉化爲殊勝的物質，再由虔誠的傳承修持者以堅定無疑的信心受用。換言之，若是有所謂「可以吃肉」的說法，那必須是食肉者本身具備能夠轉化並利益其他眾生的修持能力才行。

此外，有些平常不食肉的西藏上師，會吃自然死亡的牲畜的肉。由於西藏大部分是遊牧地區，因此必然有動物自然死亡。現代社會中就不會有這種肉。

素食對修行的益處

素食或許有很多益處，例如降低罹患某些疾病的風險和延

年益壽。但這些益處都是著眼於此生，更重要的是長遠的益處，也就是會影響我們無數來世的益處，而這些益處只能從如法的行為產生。若是從究竟的利益出發，因避免殺生而不食肉和選擇素食，能夠使我們轉生於善道，以佛教來說也就是人道或天道。當然，若是素食是為了證悟，則最終的結果是開悟證果，不再投胎轉世。

我們探討的主要議題是，最究竟的利益從何而來？答案是與素食和斷食相關的紐涅法門。若從這個觀點出發，僅就現代研究素食有益健康其實有誤，但基於來世的利益和究竟的成佛利益，素食仍然是道德上正確的選擇。在這種情況下，為了獲得甚深的利益，就算少攝取一些蛋白質也是值得的。依佛教徒的看法，造作惡業是根本無視自己來世的安樂，等於貪求一夜之歡而散盡一生的積蓄。不顧究竟的安樂而只求此生為所欲為，其實是放棄了更重要的未來。

一般的健康觀念認為，不吃肉便攝取不到足夠的蛋白質。就我所知，十九世紀後期的西方醫師曾經研究證實肉類對於健康是不可或缺的。一百多年後的今天，科學家和醫師反而證實無肉的飲食有益於健康。以詳細科學研究為依據而撰寫的數百

篇報告指出，素食不只是好而已，在健康和疾病預防上亦較肉類優異。事實證明，素食能減少體內脂肪，降低膽固醇，減緩癌細胞生長，降低罹癌率，以及很多其他好處。一般來說，素食的熱量較少，可延年益壽，費用較低，有益於生態系統和地球環保，並有益於全體人類。①

　　就我所知，科學對於長壽的解釋與熱量的攝取有關。熱量攝取愈多的人，有較快老化的傾向，不只膽固醇較高，罹患心臟病和其他疾病的機率也較高。熱量攝取較低的人，老化速度較慢，較健康，也較長壽。根據佛法以及因果法則，長壽主要是過去世善行的果報。若是過去世懂得尊重和珍惜生命，則此世能得長壽。即使過去世沒有珍惜生命的善行，但此世知道珍惜生命，不殺生且放生，其累積的善業較過去世更強大時，此

①美國飲食協會和加拿大飲食專家協會，最近發表了一份支持素食有益所有年齡層的完整報告，其中以256例舉出素食對某些疾病的預防和治療而言是健康、完整的飲食方式。該報告指出，對於以植物為主、極少或無肉的飲食益處「正面評價愈來愈高」，這是以美國癌症研究院、世界癌症研究基金、美國癌症學會、美國心臟協會、加拿大心臟和中風基金會，以及由美國癌症學會、美國心臟協會、國家健康研究院和美國小兒科醫師學會共同創立的《聯合飲食指導手冊》所做的素食建議為事實證明。諸如此類由傳統西方醫學機構所發表的言論，在二十年前甚至未曾有人聽聞。

生還是會因這些善行而獲得長壽。科學的解釋則是，採行素食且熱量攝取較低的人，將享有長壽少病等益處。以佛法的觀點來看，真正發生作用的是如法的善行所得的善報。當你能遵循正確的因果業行生活時，一切都會圓滿順利！

在此要澄清一個重點：若是素食的原因不如法，那麼顯然素食也不會是如法的行為。舉例而言，有些人不吃肉是出於一種不慈愛的心態：拒斥，認為動物較人類低等、骯髒，不配給人吃。我也聽過有些極端的素食者只吃有機食品，不吃任何噴灑過殺蟲劑或化學肥料的蔬果。雖非化學劑，但他們使用的殺蟲劑或肥料其實是以死掉的昆蟲、魚或其他動物屍體所製成，他們認為這是天然的，因此稱之為「有機」。這是完全錯誤且不如法的舉動。我曾聽說有些人會先自己殺死昆蟲來製作殺蟲劑。我身為教導他人修行的老師，聽到這樣的消息頗為悲傷。這些人似乎是先走對了路，但突然間又反轉一百八十度。希望這樣的事情只是偶發事件。

雖然有許多的科學證明支持素食的益處，但你仍不見得信服。或許你會心存懷疑，認為素食不見得對你有利。你可能會擔心一些情況，例如因為吃素而四肢無力、熱量不足或體重減

輕。你可能也會發現，自己與食肉的親友在社交時有種種不便，人們可能會嘲笑你，或者你可能會有態度問題（自以為是正義之士）②。除了這些問題之外，將肉類從飲食中去除，應該不致於危及你的壽命、健康、人際關係或榮華富貴。當然，即便素食可能會使你面臨這些問題，當你著眼的是如法的行為所帶來的長遠利益，這些問題都相對輕微。從是非對錯的觀點來看，素食毫無疑問是正確的行為。

---

② 若你真的身體略有不適，那不是因為素食，可能是飲食不均，或者其他與飲食根本無關的疾病。

第十五章

有情眾生之苦

動物是有情眾生

　　世界上有許多人一點都不了解動物都是有情感的眾生，反而認為動物只是人類的食物，是為了這個用途而由神所創造。我記得有一個關於南美天主教傳教士的故事。當時南美洲發生糧荒，當地有一種居住在沼澤裡的巨型齧齒類動物叫做水豚，大多時間都在水裡生活。傳教士為了吃水豚，要求梵蒂岡宣佈水豚是魚類，以便允許傳教士食用。一開始我覺得奇怪，因為就我所知，傳教士不是素食者，為何需要宣告水豚是魚類才能吃呢？後來我才知道，天主教徒在大齋期①只吃魚，因此要求梵蒂岡的允許必然是出於這個原因。我知道那些傳教士確實從

---

①依據天主教傳統，大齋期是從聖灰星期三（Ash Wednesday）到神聖星期六（Holy Saturday）之間的四十天。這段期間為了清淨的目的，會有一些修行的限制。譯註：大齋（Lent）源自英格魯撒克遜人的用字（Lencten），意思是指「一段延長的日子」或簡指「春天」；大齋首日又名「灰日星期三」，神聖星期六即復活日前的星期六，主日則不計算在內。根據西方教會的傳統，信徒會在期間一個灰日之一舉行禁食等，但東方教會則提前於該週一舉行禁食。禁食是指完全不食或只吃一些可維持生命的少量食物，有些教派則要求盡量少吃肉類或完全素食，且進食份量要較平日為少。不過歐美有一派素食主義是不吃陸上動物卻吃水中動物的，所以才會有這類吃魚的素食者。

梵蒂岡收到書面許可，這個齧齒動物水豚被宣告為魚類，如此便將水豚當做魚類食用。

　　我還記得在電視上看到一則故事。有一位佈道者對著數千人提到印度這個國家非常貧窮，即使鬧飢荒也不願意吃牛肉，因為他們視牛為神聖的動物。這位佈道士說：「他們不吃牛是愚蠢的行為。如果他們願意吃牛，就不會那麼飢餓了。」就哲理來說，印度人認為牛是神物或許不一定完全正確，但是就道德而言，印度人的做法是正確的，而倡導殺牛、吃牛肉則絕對不正確。吃肉是一回事，但是認為吃肉是絕對正當的事，則完全是另一回事，這是錯上加錯。我並非刻意要攻擊或侮蔑任何信仰，但是當有這麼多人強烈信奉這些思想時，或許提出另一種觀點來加以討論，可以讓人們思考真正的實相是什麼。

　　多年前我曾到南加州大學（University of Southern California）去學習歐美人士的哲學思想。由於我在美國教導佛法，因此想要進一步了解大部分弟子的思想背景。我選讀的其中一門課是比較宗教學，授課老師是哲學系裡一位優秀的教授。我個人認為他展現了美國人所有良好、高尚的特質，後來我才知道他也是基督教牧師。在一次的場合中，我有機會和他

私下閒聊宗教和哲學。談話當中，我問他如何看待動物。我問
這個問題，是因為我想知道身為基督教牧師的他會有什麼觀
點。令我驚訝的是，他看著我，拍拍我的肩膀說：「汪遷，我
不認為動物有靈性。」他就是這麼說的。這令我十分震驚。此
時，我第一次領悟到教條的力量有多麼強大。在這之前，我曾
經以為有些基督教徒可能缺乏教育，才會認為動物存在於世間
只是為了讓人做食物。我真心認為有知識且受教育的基督徒，
不會相信上帝創造動物是為了這個原因。但這位理論上相當有
知識又受過高等教育的教授，在課堂裡展現良好常理思考的
人，卻仍然否認動物也是有情眾生。

　　若只是信念錯誤但未造成傷害倒還好，但若是信念錯誤且
傷害他眾，則又另當別論。雖然我喜歡這位教授，但可惜他的
信念不僅錯誤，恐怕還會造成傷害。

　　另外一位教授則告訴我，若有人說動物沒有感情，顯然他
沒有仔細看過貓的眼睛。這位教授在家裡養了一隻貓，當她看
著貓的雙眼時，可以看見牠的體內有一顆心。但有趣的是，她
立刻否認跳蚤也是有情眾生。她說：「我不認為跳蚤是有感情
的眾生。」這裡的重點是，大部分人都是以這類狹隘的眼光來

論斷事物。另一個例子是有人跟我說：「在競技場中殺死鬥牛是天經地義的事，因為牠們在被放入競技場之前已經過了許多好日子，也得到很好的照料。」人們就是如此，在沒有思考過倫理道德的意義之前，便隨意地妄下結論。這個人可能是將鬥牛和其他動物被殺之前的情形做比較，但是如此論斷實在是一種錯誤。

關於動物也是有情眾生的探討，值得一提的另一重點是，凡是有關於動物的紀錄片，旁白的解說總是以人類的感受和觀點來敘述動物的行為，顯然這是因為人類以自己的感受對應到動物的行為，而動物也和他們一樣有著相同的情緒，唯一不同的是人類和動物的形體。我們是二足動物，而大部分動物是四足動物。家中有寵物的人可以立刻就告訴你動物有感情，而且無疑地也會有疼痛和痛苦的感受。

許多人認為動物的行為是出於直覺而非情緒。我曾經聽過一個故事，證明動物也有著如同人類的情緒。這個故事是關於新加坡動物園裡一隻難產的母老虎，幼虎因難產而全部夭折，母老虎因此變得病懨懨而毫無生氣。飼養員看來頗有智慧，他試著向別的動物園徵求沒有母親的小老虎，但沒有動物園能夠

提供，最後他想到一個解決方法，將小豬穿上老虎的外衣，母老虎就將這些小豬當成自己的孩子餵養，此後母老虎就恢復了健康。這個故事無疑說明了動物也擁有和人類相似的失落和悲傷等情緒。若是看看電視上的動物節目，便可以觀察到動物有著貪心、瞋恨、嫉妒等各種情緒。

雖然有些人寧可認為動物不過是人類的食物，但美國有一項有趣的傳統，正可以證明動物不是只拿來當人類的食物，而是有感情的眾生。每年的感恩節前，美國有一項傳統儀式是由美國總統特赦一隻火雞。假如感恩節的傳統餐點只有甜馬鈴薯和玉米的話，顯然就不會有總統特赦甜馬鈴薯和玉米的儀式。我記得有一年喬治布希總統曾經特赦了兩隻火雞，而非一隻。就我所知，美國每一年在感恩節要宰殺七千萬到八千萬隻火雞。我們身為有良知的人類，真的該認真思考這類議題。

我有一位學生，人品非常好，他是諾斯替教（Gnostic）的神職人員，他告訴我另一個故事。有一次我倆正在討論有關動物的話題，聊到土狼長相古怪並且非常凶猛。我的學生說他在某個報章雜誌上讀到英國查爾斯王子的靈修老師（我忘了這位博學之士的名字）曾到過非洲，他對土狼的描述是「外貌看

似被上帝譴責」的動物。我想，這個觀點應該足以說明動物也
是有情眾生。

　　在西藏有一個關於屠夫宰羊的故事。有一位屠夫宰殺了很
多的羊，有一天，他畜養的一隻羊將屠刀埋在地下，並且躺在
上面。當屠夫回家要宰羊時，發現屠刀不見了。他四處尋找，
最後踢走躺在地上的那隻羊，找到藏在地下的刀子。此時他恍
然大悟，原來羊群根本就了解事情的經過且因此非常痛苦。此
後他再也無法宰殺動物了。

業習

　　有幾則感人的故事，說明人類和動物對於過去世的習氣所
表現的反應一模一樣。幾年前，有一位美國女士帶著從北非領
養的孩子上歐普拉的脫口秀節目。我依稀記得那個國家是阿爾
及利亞。當時該國處於戰爭或饑荒之中，這位小男孩住在難民
營，約十三、四歲，只會講一點點英語。透過記者的採訪和報
導，養母看到這位小男孩。這位女士看了小男孩一眼，便知
道小男孩曾是她的兒子，因此她決定到非洲並把小男孩帶回美

國。雖然這中間有種種障礙，但是她排除萬難，將小男孩帶回國。當歐普拉將這個故事搬上電視的時候，小男孩早已長大，即將從大學畢業。歐普拉在節目中播出最初的介紹影片，當小男孩出現在螢光幕時，看起來狀況很糟，那位坐在觀眾席中的女士十分震驚並哭著說：「我的兒子！我的兒子！」影片播放完後，長大成人的男孩穿著學士袍從幕後走出來，他的養母含淚給了他一個大大的擁抱。

若我們從業的角度來看這整個故事，便知道這必然是不尋常的強力業緣牽引。雖然生命已經改變，母親和兒子分別投生在不同的大陸，但感覺卻非常強烈。當兩人見面的那一刻，立即覺得似曾相識。我想不到有任何其他更好的解釋。

另一個雷同的故事是一隻母獅子認養了一隻小羚羊，而這並非發生在動物園。這是由一位紀錄片導演在非洲野外拍攝的真實故事。這個故事一開始便轟動全球，母獅和小羚羊相處多年，行為模式完全有如母子。牠們在缺乏糧食的時候仍然每天相處在一起，日子一天天過去，沒有人敢保證小羚羊是否某一天會成為母獅的腹中物。很顯然地，母獅不論多麼饑餓，也不會吃掉小羚羊，那是牠的小孩。不幸的是，有一天公獅回來撲

殺了小羚羊，將牠吃下肚。母獅無助的在一旁觀看，事後牠走到小羚羊被殺的地方嗅著小羚羊的血，捨不得離去，就好像是自己的孩子被殺一般。

依我的看法，這兩個人類和動物的故事，說明了相同的情感和強烈的業緣，即使當肢體形相在投胎轉世之後已經完全改變。這一點在動物的故事中尤為真實，因為一般而言，母獅必然會獵食小羚羊。

根據釋迦牟尼佛的教法，一切有情衆生都是我們的父母。如果你是佛教徒，相信業果和轉世的觀念，那麼你一定會相信「如母有情」，這種了解對於培養對他人的慈悲心與虔敬心是不可或缺的，唯有開展如此的特質才能在靈性上有所成長，而得以了知真諦獲致證悟。有一位極偉大的西藏上師在他的著作中鼓勵所有藏人素食，不要傷害動物。他說，在西藏高原出生的動物都是西藏人的祖先，因為尚未脫離輪迴，所以會依著業力牽引而出生在藏人的居處。這位上師請求大家不要虐待或宰殺動物。我相信這位上師之言。也許西藏高原的動物不是藏人最近代的祖先，因為藏人的歷史並不長；但就業緣來講，西藏高原的動物都與西藏這個地區有緣，而牠們無疑是藏人的父

母親，問題只在於時間的遠近。我們自無始以來就一直生死輪轉，在久遠的過去早已歷經多劫的生死。人類的問題在於所知太過有限，以致於無法跳脫或超越此生而看到過去或未來。釋迦牟尼佛說，有情眾生曾經不只一次或兩次，而是無數次做過我們的父親或母親。

虐待動物

有許多文獻記錄了人類為了消費而虐待動物的事實。我本想將一些曾讀到有關於屠宰場的紀錄放入此書中，但因內容太過殘酷，最後決定只舉以下這個對待家禽的例子作為討論。如果你想多了解一些，英國歷史最久的素食組織——素食學會（The Vegetarian Society），是不錯的資料來源，他們的網址是 http://www.vegsoc.org/index.html。當然，在所有形式的虐待動物中，最嚴重的是宰殺動物做為祭祀之用，至今世界上某些地區仍然保有這樣的習俗。

格子籠

　　美國人為了生產雞蛋，將大約三億隻蛋雞養在所謂的「格子籠」裡，四隻蛋雞擠在僅僅約四十公分寬的鐵籠子裡飼養。在大型的雞蛋工廠裡，可以看見成排的格子籠層層相疊。四隻母雞擠在侷促的空間中，無法自由伸展翅膀和雙腿，更不能有正常的動物行為或滿足需求。由於身體經常擠壓著鐵籠子，母雞的羽毛嚴重脫落，身上有許多瘀血和傷口。

　　所有蛋雞都必須遭受「斷喙」的命運，以防牠們因過度互啄而受傷。當蛋雞長期被困在鐵籠中而極度挫折時，便會產生互相侵略的行為。「斷喙」是非常殘忍的過程，必須切斷蛋雞的骨、軟骨和軟組織，將部分的嘴尖切除。

　　一隻蛋雞每年要生兩百五十多顆雞蛋，在如此重擔之下，蛋雞通常都會嚴重生病，例如肝肥大症和雞籠堆疊疲勞症。雞蛋工廠裡的蛋雞因為過度生產又運動不足，鈣質不足或骨質疏鬆的情況非常嚴重。《蘭開斯特

農業》（*Lancaster Farming*）雜誌有一篇報導，描述蛋雞會大量流失鈣質：「蛋雞每年生蛋所用掉的鈣質，是其全身骨骼所儲存鈣質量的三十幾倍。」如此導致蛋雞骨折、癱瘓，甚至死亡。

　　蛋雞生蛋一年後，就被歸類為「用過的蛋雞」，遭到「強迫蛻變」或屠宰。「強迫蛻變」就是將蛋雞禁食和禁水十八天，關在暗處，讓蛋雞的身體在強烈刺激下進入另一個生蛋的週期。這樣的過程會使蛋雞失去百分之二十五的體重，而通常有百分之五到十的蛋雞會因為無法適應而死亡。被宰殺的蛋雞一般會變成雞湯、雞肉餡餅或次級的產品材料。雞肉絞碎後，消費者便看不出肉中的瘀血或傷痕。蛋雞的脆弱骨頭則因鈣質早已耗盡，通常在屠宰場處理時就已經自然粉碎。

　　不客氣的說，肉食顯然是惡業，無論你從哪個角度看都一樣。肉食是錯誤、草率的行為，濫用我們的威權，是自私而罪惡的行為，讓我們像怪獸一般。歷史上的奴隸事件，足以說明我們人類有多麼會濫用威權。我確定當時那些濫用威權的人，

一定會找理由讓自己的行為合理化。今日，那些說動物沒有情感的人，也和過去把奴役他人說成正當行為的人有相同的模式，一點都不出其左右：沒有科學、沒有知識，沒有邏輯思辯、沒有常識判斷。根本就沒有什麼可以支持這樣的行為。

　　應當謹記在心的重要一點是，人類大多依據自己想要相信的內容來為每件事情作論斷，包括動物的狀態。例如有人說：「嗯，我相信這個，我不相信那個」，而不管到底那件事情從客觀來說是真是假。從學術的觀點來說，只要你不客觀，就不是有效的推論。

　　對於那些依然不信動物像人類一樣具有情識的人，誠心公正地看著猴子和黑猩猩，或許能給他們一點提示：只要我們所談的是根本自性，動物的存在和我們的存在都是一樣的。就我所知，黑猩猩和人類有極大的相似點，以 DNA 來說就有百分之九十以上是一樣的。我還記得於母胎的早期發展到七個月左右，你根本無從辨識那是黑猩猩的胎兒，還是人類的胎兒。

　　這些勢不可擋的證據，說明了動物蒙受的酷刑與痛苦。如果還有人拒絕承認事實，我只能很客氣的說，那個人的常識絕對有問題。要維護自己與事實相違的信念，是有點不清醒。

身為佛教徒，我們很自然地認為動物也是有情眾生，但要修持完全如法的行為，則沒那麼容易。我們必須一方面不偽善，一方面盡力就所了解的佛法來修持，其中最首要的是捨棄傷害其他眾生，這是所有靈性成長的基礎。此外，我們還須對一切眾生發自內心的慈愛和慈悲，並展現修行者的真誠之意，盡力紓解他者的身心痛苦，這是指成為素食者，並救護其他動物的生命。救護生命是指拯救即將被殺，成為盤中飧的魚、鳥、牛、雞等，釋放牠們並同時持誦「嗡瑪尼貝美吽」，為牠們種下未來解脫成佛的種子，並給予牠們生存的機會。順便一提，隨時隨地為眾生念誦六字大明咒，包括蟲蟻等微小動物在內，也有很好的功德利益。

　　拯救他眾生命，不僅是如法的行為，並且也將得到長壽的果報。佛陀的侍者阿難曾看見一位國王在地獄道受極大的痛苦，他向佛詢問原因為何，佛說國王的惡業是因為他一向只吃現宰牲畜的肉。阿難問地獄之佛「真實王」如何才能解救國王，地獄之佛回答說：「在地獄道無計可施。在人道以其名代為放生，則可使他脫離地獄。」因此阿難在人間為國王放生，使國王脫離地獄。據說，如果有人只剩三天壽命，若是能為

他放生十三條即將被宰殺的動物，此人的壽命可以延長三年。放生十三條性命的善業，能夠清淨一萬劫中所造的惡業。且據說，殺死被放生的生命，所造惡業等同殺生一百次。

根據自然的業力法則，施即是受，而施予生命即是得到生命。有誰不希望長壽？我想每個人都會同意生命比名聲、財富或任何財物都更重要。護生顯然是最大的善業之一，因此人們應該致力於拯救生命。在密續五方佛部的三昧耶戒中，護生是屬於寶生佛部的三昧耶戒。沒有人需要懷疑或質疑護生是否是正確的活動。有一個例子可以說明人們如何了解護生的道理。幾年前我們在洛杉磯的漁人村放生，魚餌公司的老闆助理是一位年輕的非洲裔美國人，他前來協助我們將魚放入水中。他在放魚時喃喃自語地說：「為什麼不每個人都這樣做呢？」當時他神情嚴肅。我想當時他必然是體悟到有些人甚至不尊重其他人類的性命。

護生自然是與尊重動物權、人權、保護環境等相關。如果每個人都能尊重所有的生命並保護生命，世界將不會有饑荒，不會爆發動物瘟疫和禽流感，全球將享有和平、健康、長壽、富饒、快樂。近來素食主義逐漸受到大眾歡迎，對此我感到高

興。我個人認為這是良好趨勢的徵兆，象徵人類將享有更多和平、快樂和靈性的了悟。

我祈願無法斷除肉食和殺生的人，可以盡量以各種方法將牲畜的痛苦降到最低。我個人的想法是應立法規範宰殺動物的方法，也許該先使用鎮靜劑或麻醉劑讓牠們昏迷，之後再行宰殺。

食肉有食肉的業，而且顯然不是善業。根據食肉的量、所吃的生命數目，以及與宰殺有多大的直接關係，惡業會有所不同。量愈大或關係愈近，則惡業愈嚴重。由於這樣的事實，我鼓勵每個人都採行素食。如果無法完全素食，建議您吃最少的肉，並避免吃體積小的生物，例如蝦子等。吃肉時須至少為所吃的動物念誦祈願文和六字大明咒。

我們須記得，身為人類，我們有許多飲食的選擇。我們可以選擇不食肉，卻仍然有許多其他食物可供選擇；如果是肉食性動物，就沒有那麼多選擇，為了生存而不得不殺生。這是值得思考的。目前我們處於可以做出有意識決定的關鍵時刻，這個決定將影響我們的來世。

月的饗宴

過去我一直想告訴人們，人類為了獲得微不足道的快樂，對動物施加非常多的痛苦。但因為過去有一段時間我不是完全的素食者，因此也難以啟齒。我幼時是素食者，但長大成人後變成斷斷續續的素食者。一直到我的母親去世後，我決定為慈悲的母親以及一切如母眾生而茹素。下定決心之後，我心中生起極大的喜悅與快樂。現在我是純素食者，並有此榮幸能夠撰寫關於素食主義的一些文章。我誠心希望那些發心要清淨修行的人，都能夠採行素食。我的夢想是以「月的饗宴」做為口號來提倡素食，這個靈感是來自於許多佛教徒都會在滿月日（農曆十五）吃素。若是有佛教徒無法完全戒葷，希望他們能夠至少在農曆每個月的滿月、半月和新月日（即初一，初七、十五和二十一）茹素。

若有人覺得很難戒除食肉的習慣，請記住寂天菩薩的開示：「透過練習（修持），沒什麼不易增長。」

結語

　　顯而易見地，以菩提心來修持事續部的清淨行、素食和斷食，將帶來無窮盡的利益。有些人認為紐涅法門屬於較低的續部（外續），而他們只對最高續部（內續）的教導有興趣。對這類人，我的說法是，除非你是上上根器，否則無權提出此論調。實際上，上上根器者絕不會提出這樣的論調，而且會非常隨喜修持紐涅等法門的修行者。紐涅也許不是無上密續的法門，但是修行者也可能不是無上密續的根器者，在此情況下修持無上密續並無利益。反觀，透過修持紐涅可以受戒、持戒、實修，就能立即產生功德利益。

　　藉由我證悟上師的加持，我祈願大家能珍惜紐涅法門。我的願望是有一天地球上的每一位佛教徒都能至少在每個滿月日受持八關齋戒，以及每個滿月日和新月日茹素。此外，藏曆四月份，即佛陀降生、證悟、涅槃的殊勝月，至少從初一到十五，也就是新月到滿月日，持守八關齋戒和素食。願此珍貴的法門為所有眾生帶來永恆安樂的吉兆。

第十六章

問與答

1. 問：修持紐涅時，如何同時修「止」？

仁波切答：「止」的禪修是要修持專注。不論是修紐涅或其他法門都沒有關係，只要能夠一心專注在觀想、持誦等，能夠毫不散亂就是「止」的禪修。

2. 問：您的意思是，只要我們達到專注，就自然會生起寧靜？

仁波切答：是的，因爲一心不亂時就可遠離情緒煩惱的干擾，那時候（心）就是寧靜的。

3. 問：修持這個法門，如何培養「觀」或覺，以便能夠了解心性？

仁波切答：觀想本尊時，除了清晰觀想本尊身之外，了知本尊雖然顯現，自性卻是空性，即是「觀」的禪修。禪修的圓滿階段，也就是結行時，收攝一切入於空性，也是「觀」。

4. 問：在紐涅閉關中，如何面對和處理極端的經驗（感受、衝動、想法）？

仁波切答：我們須努力依據傳承的法教來修持，也就是將所有情緒轉化爲觀世音菩薩的身、語、意。一般而言，我們的心各個刹那只能有一個作用，也就是當你體驗某種情緒時，不能同時體驗其他事情。重點是要能觀照你的情緒，並牢記要將心專注在本尊的身、語、意。當你憶念起本尊的那一刻，所有的情緒都將消退。這是心的基本運作方式。此外也有其他對治的方法，比如說如果問題出在忿怒，就修慈悲心加以對治。

好的禪修者對於這些妄念和情緒有更直接的對治方法，也就是去觀照妄念和情緒從何處而來——直接看著心的本性。如此觀照時，就會發現妄念和情緒並非眞實存在。

5. 問：我們是否能從學習處理這些體驗來培養平等看待一切（捨）？

仁波切答：培養平等看待一切不是首要的解決方法。根據續部（紐涅屬於續部法門），如我所說過的，你必須將一切轉化爲本尊身。當你思惟本尊身的那一刹那，情緒就自然轉化爲清淨的身、語、意。即使在一般的層次上，你要

培養的是能對治各種散亂念頭的方法。平等看待一切，只是最不得已的方法。如果你無法轉化，如果你無法對治，至少你要修平等看待一切。

6. 問：修持紐涅時的斷食有何功德利益？

仁波切答：依據紐涅的教法開示，以斷食齋戒配合本尊觀修、祈請、持咒等，將產生極大的功德利益。紐涅的斷食和其他一般的斷食不同之處，在於它具有菩提心的發心，因此，清淨的發心和行為創造了如法的因緣，最後會產生如法的果，也就是清淨業障和累積福德。所得的果包括短暫和究竟的利益。短暫的利益是遠離疾病、能得長壽，以及其他善果。究竟的利益是解脫輪迴，證得佛果。

7. 問：大部分的法門都會要求禁語以增進修行者的內外體驗。請說明禁語在紐涅法門中的作用。

仁波切答：靜默是為了增進內外的體驗，也是盡量減少語的不善業和將語的功德力盡量增廣的方法。例如，當我們保持靜默時，就自然遮止了語的惡業。大部分人甚至都不

知道，從我們所說的話能造多少的惡業。話語是我們凡夫心的副產品，表達的都是從三毒而生的意念。在凡夫的層次上，除了持誦祈請文和咒語之外，其餘話語都是不清淨的。此外，當我們保持靜默時，祈請文和咒語的持誦便不受凡俗語言所打斷，也因此更有力量。

8. **問**：修持時禁語，請問上師與弟子如何互動？互動的性質爲何？

仁波切答：事實上，我想正確的問題應該是，弟子如何與上師互動？總而言之，在紐涅和任何其他法門中，上師都是慈悲地教導與引導弟子，此外也以自身爲模範。弟子應該虔誠恭敬地遵循上師的指導，並眞心精進修持，不論是否禁語。如果問的是禁語期間如何與上師互動，如果弟子有重要的問題要請教上師，可用書寫的方式溝通。

9. **問**：有一種主張是，一個有佛性的人在山洞裡閉關修行多年後可以成功轉化。雖然紐涅屬於較低的續部（事續），經由修持紐涅是否可能轉化並究竟證悟？

仁波切答：紐涅是真實的修行法門之一，因此如果有人很想要即身成佛，紐涅絕對能夠達到這樣的結果。最好的例子就是紐涅法門傳承上師的故事。

10. **問**：如何透過修持紐涅培養對他人的慈悲？

仁波切答：一般而言，修道發展的關鍵是對證悟者具有虔敬心，對未證悟者懷有慈悲心。虔敬心和慈悲心其實是一體兩面，本質相同。在紐涅法門中，禪修慈悲心化現的觀世音菩薩和持誦六字大明咒，都是培養慈心和悲心的方法。

11. **問**：為何在禁語日要大聲念誦祈請文和咒語？

仁波切答：根據真實的傳承，修行者其實應該完全保持靜默，禪修和念誦、持咒全部是以意念來進行。但是由於一般的修行者無法適當而為，最後只是浪費時間，因此最好是大聲念誦祈請文和咒語。不過我們向來是說，禁語日應以柔和的聲音念誦。

12. **問**：如果對某些人而言，修持紐涅會有肢體上或心理上的困難，請問應該抱持什麼樣的正確態度？

　　仁波切答：只要想想世上那些願意全力付出、只為獲得少許利益的人。我認識一個人，每天工作許多時間、而且是三份工作，只是為了得到短暫的利益，還不是很大的報酬。另外有些人為了名利而願意在身體上付出很大的犧牲，例如奧運選手。修持紐涅應有的唯一正確態度，就是對於能夠修持此利益甚多的殊勝教法充滿感激。只是一座的紐涅修持，就能永遠關閉投生下三道之門；八座的紐涅修持，就能帶你到阿彌陀佛的極樂淨土。

13. **問**：若是本尊觀想無法做得很好，該怎麼辦？

　　仁波切答：若是觀想本尊有困難，仍須不斷努力嘗試，不要放棄。如果已經盡了最大努力仍無法觀想千手千眼觀音複雜的身相，那麼可以觀想四臂或二臂觀世音菩薩。若還是有困難，可以單純思惟你就是觀音，然後持誦咒語，將意念專注在咒音上。若你至少能誠心誠意念誦祈請文和咒語並持守戒律，你仍將得到修持的所有功德利益。

|བསྔོ་བ་སྨོན་ལམ་ནི།

迴向功德願文

|བསོད་ནམས་འདི་ཡིས་ཐམས་ཅད་གཟིགས་པ་ཉིད།

索南_木滴以湯_木界息_克巴尼

以此功德證佛見

|ཁྲོབ་ནས་ཉེས་པའི་དགྲ་རྣམས་པམ་བྱེད་ནས།

託捏_末捏貝扎南_木胖_木傑捏

降服煩惱諸怨敵

|སྐྱེ་ན་འཆི་ན་རྣབས་འཁྲུགས་པ་ཡི།

界噶拿契爬拉_不促_克巴以

生死波濤輪迴海

|སྲིད་པའི་མཚོ་ལས་འགྲོ་བ་སྒྲོལ་བར་ཤོག

夕貝措纍卓哇卓_爾哇秀_克

願諸眾生得解脫

|འཇམ་དཔལ་དཔའ་བོས་ཇི་ལྟར་མཁྱེན་པ་དང་།

姜巴_爾巴喔及大_爾遷巴檔

文殊師利勇猛智

|ཀུན་ཏུ་བཟང་པོ་དེ་ཡང་དེ་བཞིན་ཏེ།

棍度桑波喋揚喋行喋

普賢慧行亦復然

|དེ་དག་ཀུན་གྱི་རྗེས་སུ་བདག་སློབ་ཅིང་།

喋達_克棍吉傑速達_克洛_不徑

我今迴向諸善根

|དགེ་བ་འདི་དག་ཐམས་ཅད་རབ་ཏུ་བསྔོ།

給哇滴達_克湯_木界拉_不度哦

願彼一切常修學

|དགེ་བ་འདི་ཡིས་སྐྱེ་བོ་ཀུན།

給哇滴以界喔棍

願諸眾生因此故

|བསོད་ནམས་ཡེ་ཤེས་ཚོགས་རྫོགས་ནས།

索南_木耶謝措_克作_克捏

圓滿福慧二資糧

|བསོད་ནམས་ཡེ་ཤེས་ལས་བྱུང་བ།

索南_木耶謝纍窘哇

功德智慧所由生

|དམ་པ་སྐུ་གཉིས་ཐོབ་པར་ཤོག

膽_木巴固匿託_不巴_爾秀_克

願得淨妙之二身

|སངས་རྒྱས་སྐུ་གསུམ་བརྙེས་པའི་བྱིན་རླབས་དང་། |ཆོས་ཉིད་མི་འགྱུར་བདེན་པའི་བྱིན་རླབས་དང་།

桑傑固速_木涅貝勤拉_不檔　　　　卻尼米久_編滇貝勤拉_不檔

諸佛三身所加持　　　　　　　　**法性眞諦之加持**

|དགེ་འདུན་མི་ཕྱེད་འདུན་པའི་བྱིན་རླབས་ཀྱིས། |ཇི་ལྟར་བསྔོ་བ་སྨོན་ལམ་འགྲུབ་པར་ཤོག

給恩敦米切敦貝勤拉_不計　　　　　及大_編哦哇夢狼_木竹_不_編秀_克

僧眾正願加持故　　　　　　　　**願能圓滿此迴向**

....

供餐文（餐前）

供養三寶

ༀ། སྟོན་པ་བླ་མེད་སངས་རྒྱས་རིན་པོ་ཆེ　　　　སྐྱོབ་པ་བླ་མེད་དམ་ཆོས་རིན་པོ་ཆེ།

敦巴　喇美　桑潔　仁波切　　　　　究巴　喇美　唐卻　仁波切

于珍貴之佛陀，　　　　　　　　**于珍貴之聖法，**

འདྲེན་པ་བླ་མེད་དགེ་འདུན་རིན་པོ་ཆེ། སྐྱབས་གནས་དཀོན་མཆོག་གསུམ་ལ་མཆོད་པ་འབུལ།

眞巴　喇美　根頓　仁波切　　　　　嘉涅　棍秋　速拉　卻巴布

于珍貴之僧伽，　　　　　　　　**于此三寶稀有崇高之庇護所，**
　　　　　　　　　　　　　　　　我以此供養食。

供養本尊

ཇོ་བོ་སྐྱོན་གྱི་མ་གོས་སྐུ་མདོག་དཀར། ཇོ་གས་སངས་རྒྱས་ཀྱི་དབུ་ལ་རྒྱན།

秋喔　涓吉　瑪癸　固多_克嘎_編　　　作_克桑　傑吉　烏拉建

無瑕白身至聖者，　　　　　　　**圓滿佛陀頂上飾，**

ཐུགས་རྗེ་ཅན་གྱི་འགྲོ་ལ་གཟིགས། སྤྱན་རས་གཟིགས་ལ་མཆོད་པ་འབུལ།

突_克傑_以　見吉　卓拉息_克　　　見熱　息_克拉　卻巴布_編

大慈悲眼視眾生，　　　　　　　**觀音尊前我供養**

317

善知識系列　JB0091

千手千眼觀音齋戒——紐涅的修持法

作　　　者／	汪遷仁波切
譯　　　者／	黃靜慧
審　　　定／	楊書婷
校　　　對／	林秀玲、朱梅仙、李嘉馨、陳淑惠
編　　　輯／	劉昱伶
業　　　務／	顏宏紋

總　編　輯／	張嘉芳
出　　　版／	橡樹林文化
	城邦文化事業股份有限公司
	104 台北市民生東路二段 141 號 5 樓
	電話：(02)25007696 ＃ 2736　傳眞：(02)25001951
發　　　行／	英屬蓋曼群島家庭傳媒股份有限公司城邦分公司
	104 台北市民生東路二段 141 號 5 樓
	書虫客服服務專線：(02)25007718；(02)25007719
	24 小時傳眞專線：(02)25001990；(02)25001991
	服務時間：週一至週五上午 09:30 ～ 12:00；下午 1:30 ～ 17:00
	劃撥帳號：19863813；戶名：書虫股份有限公司
	讀者服務信箱：service@readingclub.com.tw
	城邦讀書花園網址：www.cite.com.tw
香港發行所／	城邦（香港）出版集團有限公司
	香港灣仔駱克道 193 號東超商業中心 1 樓
	電話：(852)25086231　傳眞：(852)25789337
	E-mail：hkcite@biznetvigator.com
馬新發行所／	城邦（馬新）出版集團
	Cite (M) Sdn Bhd (458372U)
	41, Jalan Radin Anum, Bandar Baru Sri Petaling,
	57000 Kuala Lumpur, Malaysia.
	Tel: (603) 90563833
	Fax:(603) 90576622
	email:services@cite.my

版面構成／	歐陽碧智
印　　刷／	韋懋實業有限公司

初版一刷／ 2013 年 11 月
初版五刷／ 2023 年 3 月
ISBN ／ 978-986-6409-65-3
定價／ 400 元

城邦讀書花園
www.cite.com.tw

版權所有・翻印必究（Printed in Taiwan）
缺頁或破損請寄回更換

國家圖書館出版品預行編目（CIP）資料

千手千眼觀音齋戒：紐涅的修持法／汪遷仁波切（Wangchen
Rinpoche）著；黃靜慧譯. -- 初版. -- 臺北市：橡樹林文
化，城邦文化出版：家庭傳媒城邦分公司發行，2013.11
　面；　公分. --（善知識系列：JB0091）
譯自：Buddhist fasting practice : the Nyungne method of
　　　thousand-armed Chenrezig
ISBN 978-986-6409-65-3（平裝）

1. 藏傳佛教　2. 傳戒

226.963　　　　　　　　　　　　　　　　102021798

廣 告 回 函
北區郵政管理局登記證
北 台 字 第 10158 號
郵資已付　免貼郵票

104 台北市中山區民生東路二段 141 號 5 樓

城邦文化事業股份有限公司

橡樹林出版事業部　收

請沿虛線剪下對折裝訂寄回，謝謝！

|橡|樹|林|

書名：千手千眼觀音齋戒 ── 紐涅的修持法　書號：JB0091

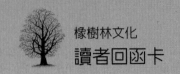

橡樹林文化

讀者回函卡

感謝您對橡樹林出版社之支持，請將您的建議提供給我們參考與改進；請別忘了
給我們一些鼓勵，我們會更加努力，出版好書與您結緣。

姓名：＿＿＿＿＿＿＿＿＿＿＿ □女 □男 生日：西元＿＿＿＿年

Email：＿＿＿＿＿＿＿＿＿＿＿＿＿＿＿＿＿＿＿＿＿

● 您從何處知道此書？

□書店 □書訊 □書評 □報紙 □廣播 □網路 □廣告 DM □親友介紹

□橡樹林電子報 □其他＿＿＿＿＿＿＿＿＿

● 您以何種方式購買本書？

□誠品書店 □誠品網路書店 □金石堂書店 □金石堂網路書店

□博客來網路書店 □其他＿＿＿＿＿＿＿

● 您希望我們未來出版哪一種主題的書？（可複選）

□佛法生活應用 □教理 □實修法門介紹 □大師開示 □大師傳記

□佛教圖解百科 □其他＿＿＿＿＿＿＿＿

● 您對本書的建議：

＿＿＿＿＿＿＿＿＿＿＿＿＿＿＿＿＿＿＿＿＿＿＿＿＿＿＿

＿＿＿＿＿＿＿＿＿＿＿＿＿＿＿＿＿＿＿＿＿＿＿＿＿＿＿

＿＿＿＿＿＿＿＿＿＿＿＿＿＿＿＿＿＿＿＿＿＿＿＿＿＿＿

＿＿＿＿＿＿＿＿＿＿＿＿＿＿＿＿＿＿＿＿＿＿＿＿＿＿＿

＿＿＿＿＿＿＿＿＿＿＿＿＿＿＿＿＿＿＿＿＿＿＿＿＿＿＿

非常感謝您提供基本資料，基於行銷及客戶管理
或其他合於營業登記項目或章程所定業務需要之
目的，家庭傳媒集團（即英屬蓋曼群商家庭傳媒
股份有限公司城邦分公司、城邦文化事業股份有
限公司、書虫股份有限公司、墨刻出版股份有限
公司、城邦原創股份有限公司）於本集團之營運
期間及地區內，將不定期以 MAIL 訊息發送方式，
利用您的個人資料於提供讀者產品相關之消費與
活動訊息，如您有依照個資法第三條或其他需服
務之務，得致電本公司客服。

我已經完全瞭解左述內容，並同意本人資料依
上述範圍內使用。

＿＿＿＿＿＿＿＿＿＿＿＿＿＿（簽名）